Karl-Heinz Mantel

AF197600

Geldquellen
Gier
Gefahren

Gelassen – Bescheiden – Zufrieden

www.tredition.de

Verlag & Druck: tredition GmbH, Halenreie 40-44, 22359 Hamburg

ISBN
Paperback   978-3-347-27804-2
Hardcover   978-3-347-27805-9

Leitworte – Inhalt Seite

Ein Wort voraus

Ursächlich für nachfolgende Zeilen war der häufig zu hörende Volksmund-Spruch:

„Die Armen werden immer ärmer,

die Reichen immer reicher."

So habe ich **Geldquellen** gesucht, aber auch **Gier** und **Gefahren** gefunden.

Geld kann man verdienen, auch immer mehr, ggf. sparen. Doch es gibt auch illegale oder unfaire Methoden, Geldquellen zu erschließen. Und die Geldreserven liegen im Charakter des Menschen selbst, in seinen Verhalten. So können Eigenschaften wie Macht, Faulheit, Eitelkeit, Gier u.a., aber auch besondere Kenntnisse oder die Bereitschaft zu Dienstleistungen Geldreserve sein oder Geldquellen werden.

Übrigens: die Aussage des Volksmundes kommt der Wahrheit sehr nahe: 10% der Oberen besitzen 60% des Vermögens in Deutschland.

Gier ist ein maßloses Verlangen, das Leidenschaft wie Befriedigung für den mit der ungezügelten Begierde in sich birgt. Für die Betroffenen im näheren Umfeld kann es häufig Kummer bedeuten. Doch es gibt Stimmen, die glauben, dass die Gier der Antriebsmotor der Wirtschaft sei. Ich glaube es nicht, denn unternehmerisches Handeln und die Arbeitskraft der Mitarbeiter sorgen für die mehr oder weniger reibungslose Funktion des Marktes. Sicherlich schlummert die Gier in jedem Menschen, genauso wie die

Macht. Einige Beispiele zeigen dies auf:Hatten wir nicht alle schon einmal Heißhunger oder Brand nach einer Durststrecke langer Wanderungen oder harter Arbeitsleistungen? Oft haben wir dann den ersten und zweiten Bissen oder Schluck gierig verschlungen oder geschluckt. Und wie oft haben Flüchtlinge nach langen Hungermärschen „Essbares" gierig heruntergeschluckt, ein Labsal der Befriedigung, der erste Hunger wurde gestillt.

Ganz anders aber jene, die ungezügelte Begierde entwickelt haben, ein ständiges Verlangen, z.B. Spielleidenschaft oder Fressbegierde, Alkoholmissbrauch oder Kaufrausch, Sammlerbegehren oder ungezügelte Geldgeschäfte. Oft werden diese Begierden nicht wahrgenommen und manchmal sind es auch keine. **So darf das normale Streben eines Menschen, der normale Leistungswille nicht** mit Gier verwechselt werden.

Gefahren führen zur negativen Auswirkung einer Gefährdung von Umfeld, Menschen, Tieren, Sachen u.a.m. Hinterlistiges wie betrügerisches Verhalten von Menschen erweitern die Gefahren.

Seit **Beginn** des **Industriezeitalters** wird unsere **Umwelt gefährdet.** Verdeutlicht wird es schon heute über **Erderwärmung,Verringerung** der **Artenvielfalt im Tierbereich** sowie den **veränderten Stickstoffkreislauf.** Aber auch das **Ozonloch** wird größer, die **Luftverschmutzung** nimmt zu, der **Frischwasserverbrauch** steigt, auch der **Phosphorkreislauf** verändert sich. Die **Meeresverschmutzung gefährdet** nicht nur den **Fischbestand,** die

Chemikalienbelastung wird immer höher und der oft **unsinnige Landverbrauch** wächst und wächst…

Gelassene Bescheidenheitgehört zu den besonderen, ja wertvollen Tugenden im menschlichen Miteinander, gliedert sich u.a. neben Demut, Verzicht und Mitfreude ein. Bescheidenheit bei größeren Erfolgen und Gelassenheit bei solchen die schwächeln wird im zwischenmenschlichen Verhalten hilfreich sein.

So werden im **1. Teil** die **anfänglichen** Begehrlichkeiten in unterschiedlichen Verhältnissen von Menschen über Erlebnisse, Erzählungen oder sonstigen Wiedergaben aufgezeigt.

Im **2. Teil** zeigt unverständliche **Begierde** menschliches Verhalten und Straftaten mit oft raffgierigen Geldquellen auf.

Im **3. Teil** der **sprudelnden Geldquellen** dominieren Produktionen, die zwar Beschäftigungen schaffen, aber auch vielschichtige Gefahren der globalisierenden Industrialisierung entstehen lassen. So werden zu einfach Umweltgifte mit produziert und manchmal steht, ob gewollt oder unbewusst, die mächtige Gier Pate.

Im **4. Teil** werden **erhebliche Geldmengen** bewegt, manchmal gierig, denn außergewöhnliches „Geldverdienen" fällt hier auf, wohl mehr Geld scheffeln…

Im **5. Teil** wird die bisherige Erkenntnis aus Geldquellen, Gier und Gefahren zusammengefasst und zum Teil ergänzt.

Im **6. Teil** wird deutlich, wie wertvoll **besonnene Beschei-denheit** im zwischenmenschlichen Verhalten der Normal- bis Mittelstandsverdiener, aber auch der Vermögenden sein kann und wie Zufriedenheit sich ausbreitet, ja glücklich macht. Erkennbar wird, dass Menschen Wertschätzung, Aufmunterung und ein Lächeln benötigen...

1. Anfängliche Begehrlichkeiten

1.1 Spiele

Es war zu meiner Kinderzeit Anfang der 30er-Jahre des 20. Jahrhunderts in Bochum. Damals spielten wir mit Murmeln, den kleinen farbigen Spielkügelchen aus Ton. Wir nannten sie „Knickel", abgewandelt von dem norddeutschen Namen „Knicker", allerdings ohne es zu wissen.

Zwei Brüder waren bei diesem Spiel selten zu besiegen. Sie konnten nicht genug kriegen vom Knickelspiel mit uns vorgesehenen „Verlierern"; sie waren fast süchtig…

Man sieht, dass sich selbst in Kindertagen der anfängliche Trieb zum Spiel gierig werdend entwickelt.

Nicht viel anders verhielt es sich mit dem Kartenspiel und Pfennigspielchen. Immer waren es die sicheren Gewinner, die zum Spiel antrieben.

Und heute (2016)?

Heute haben sich die Spiele verlagert. Sie finden vor dem Bildschirm des Computers oder auf dem Tablet/Smartphone statt. Oft sind Kinder wie besessen nach „ihrem" Computer-Spiel, verbringen Stunden vor dem Bildschirm, sind „gierig" danach – und oft sind es auch die Erwachsenen.

Wenn Spiele „Spaß- und Wissensspiele" bleiben, keine Zeitfresser werden, können sie entspannen und manche grauen Hirnzellen wachrufen, ob Brett-, Karten- oder Computerspiele!

Doch schlimm wird es für Erwachsene, wenn sie der Spielsucht verfallen. So erzählte mir kürzlich ein Bekannter, dass sein einziger Bruder spielsüchtig sei; er habe im Spielcasino bereits sein Vermögen einschließlich seines Hauses verspielt und als Folge Frau und Kinder verloren. „Schuld ist nur die pure Gier nach Geld…", sinnierte er vor sich hin.

„Seiner Familie gegenüber muss er ein kranker Egoist gewesen sein", dachte ich, ohne es auszusprechen.

Und man sieht, wohin eine mit Gier beginnende krankhafte Spielleidenschaft führt (siehe auch letzten Abs. zu 1.2).

1.2 Alkohol

Der zweite Weltkrieg war vorbei, die Hungerjahre von 1945 bis 1948 hatten wir hinter uns gelassen. Es gab wieder genug zu essen, aber auch zu trinken.

Vor allem waren es die alkoholhaltigen Getränke, die genossen wurden und für Stimmung sorgten. Leider oft so, dass einige „Trinker(innen)" in die Alkoholabhängigkeit verfielen…

„Lallende" Szenen von Betrunkenen haben wir des Öfteren gesehen, erlebt…

Doch wenn ein Volltrunkener in einer Bahnhofstoilette seinen Rausch ausgerechnet in der damaligen „Pinkelrinne" für Männer ausschlief, war das mehr als erschreckend. Man kannte sich im Ort. Es war ein Bekannter aus der

Nachbarschaft. Natürlich half man. Der Bekannte wurde heimgebracht. Aber dieses schockierende Ergebnis seines erschreckenden Missbrauchs von Alkohol brachte die Erkenntnis, den Worten seines Freundes Gehör zu schenken, endlich eine Entziehungskur zu beginnen. Um es vorweg zu nehmen, der Bekannte schaffte es, seine Alkoholsucht zu überwinden...

Nun wurde mein Nachbar auch beruflich erfolgreich. Als Leiter eines Versicherungsbezirkes gelang ihm Wohlstand und Anerkennung seines Umfeldes. Über seine Vergangenheit konnte er nur müde lächeln...

Leider werden Missbrauch oder Sucht in unserer Gesellschaft oft von anderen Menschen durch ihre Gier nach Geld gefördert, ja produziert; so unter anderem die Drogensucht und – manchmal gehören die Spielsüchte über das Lotterie- und Lottospiel dazu...

1.3 Werbung im Briefkasten

„570.000 Euro stehen für Sie bereit, Herr ...", so oder vergleichbar klingende Formulierungen stehen gleich zu Beginn der Werbung in dem Brief. Oder: „Das ist Ihr Geschenk Herr ...", steht in einem anderen Brief. Zum Verkauf angeboten werden in der Werbung u.a. Heilmittel, Bücher, Kleidung, Wein oder Haushaltsgeräte, überwiegend zu überteuerten Preisen oder aber Abonnements u.a. für Zeitschriftenwerden empfohlen. Natürlich gibt es solide Versandfirmen; die sind verständlicherweise nicht gemeint.

In aller Regel wirken die angebotenen Heilmittel nicht .Bei den Büchern sind es oft Ladenhüter oder Restbestände, bei der Kleidung findet man den Etikettenschwindel oder minderwertige Ware, gleiches gilt für den Wein und manches Haushaltsgerät hält nicht das, was versprochen wurde...

Nur viele Versprecher im Schreiben? Nein, es ist Geldhascherei. Irgendwie muss man doch an das Geld braver Mitbürger kommen.

Ich erinnere mich noch an die Zeit der Währungsumstellung 1948. Die Geschäfte füllten sich wieder mit Waren, und erste Werbungsversuche begannen, sehr einfach, z.B. ein Schaufenster mit einem blinkenden Licht an – aus, an – aus...

Der einfache Werbungseffekt des blinkenden Lichtes sollte die Vorbeigehenden auf die Schaufensterauslagen aufmerksam machen und wie ein Magnet anziehen. Eine noch ehrliche und einfache Werbung und – die Menschen kauften maßvoll...

1.4 Drei-Monatsabonnement

Mein Nachbar hatte das günstige Angebot eines dreimonatigen Zeitschriften-Abonnement eines bekannten Zeitschriftenverlages angenommen, fristgerecht gekündigt und danach nicht mehr gezahlt. Aber trotz korrekter Kündigung bekam mein Nahbar weiterhin die wöchentlichen Zeitschriften. Seine höflichen Schreiben wurden mit nichtssagenden, vorgegebenen Texten beantwortet, seine telefonischen Einlassungen sehr ungehörig mit fadenscheinigen Redewendungen zurückgewiesen. Völlig entnervt erhielt er vier Wochen später ein Inkassoschreiben mit Pfändungsdrohungen und entsprechenden Geldforderungen plus Mahngebühr. Mein Nachbar war inzwischen so aufgeregt, ja unsicher, dass er auf diese Forderungen einging, aber meinen Rat befolgte und unmittelbar an den Zeitungsverlag (statt Inkasso) **ohne** Mahngebühr zahlte. Zumindest hiermit hatte mein Nachbar Erfolg.

Aber was für eine Geldhascherei und manchmal sind es wohlklingende Verlagsnamen…

1.5 Kaufen – Kaufrausch

Verkäuferinnen und Verkäufer in unseren Kaufhäusern kennen einige Kaufsüchtige aus der Zeit, als es nur hier möglich war (es gab noch kein Internet), z.B. Kleidung zu kaufen. Kunden, die wie im Kaufrausch ein Kleidungsstück nach dem anderen kauften, vielfach über ihre Verhältnisse, waren schnell erkennbar. Das Verlangen, immer wieder zu kaufen ging dann so weit, gleich mehrere Kleider, die anprobiert worden waren, auch zu kaufen statt nur das gefällige Kleid. Seit dem „Internet-Zeitalter" sind für Kaufsüchtige, die auf Webseiten surfen, „Tür und Tor" geöffnet worden. Ob auf „eBay", der größten Auktionsplattform, „Amazon", dem RiesenMarkt, insbesondere für Bücher oder den unzähligen Online-Shops: es kann gekauft werden und nicht nur Designerkleidung. Für Kaufsüchtige sind riesige Kaufangebote oder Werbeschnäppchen eine Fundgrube für ihren Kaufrausch. Nur selten benutzen sie den möglichen Preisvergleich auf Internetseiten. Übersichtliche Preisvergleiche geben dem normalen Käufer die Möglichkeit, preiswert einzukaufen. Bei dem unstillbaren Kaufrausch des gierigen Käufers helfen auch Preisvergleiche nicht mehr.

Welche „Blüten" Kaufsüchtige hinterlassen können, habe ich erst kürzlich gehört.

Eine Familie im Nachbarort bewohnte ein Haus, zahlte aber seit Monaten keine Miete, war längst gekündigt und die Räumungsklage stand bevor. Aber die Familie kam der Räumungsklage zuvor. Über Nacht hatten sie heimlich das Haus verlassen, nicht geräumt.

Was die Vermieter dann vorfanden, waren nicht nur unbezahlte Möbel, sondern noch ungeöffnete Päckchen und Pakete des Kaufrausches der Mieterfamilie. Natürlich waren auch deren Inhalte nicht bezahlt.

Ob Kaufrausch oder betrügerische Einkäufe, irgendwie haben die Kaufsüchtigen auch eine Art Hang zur „Kauflust", aber leider eine schier unersättliche…

1.6 Betteln

Sie gehören zum Stadtbild, bettelnde Musikanten, bettelnde behinderte Menschen mit umgestülptem Hut, oder kniende Bettler mit ausgestreckter Hand. Wir alle haben sie am Straßenrand, auf dem Markt, in der Unterführung oder vor Geschäftseingängen gesehen, waren mitleidig und haben irgendeine Münze klingen lassen. Ein freundliches „Danke" oder lächelndes Kopfnicken war dann die nette „Gegenleistung" und manchmal spielte die Gitarre eines bettelnden Musikanten einen melodischen Danke-Akkord.

Manchmal fragen wir uns aber auch: „Ist es wirklich ein verarmter Mensch, der uns bettelnd in die Augen schaut?", denn in Deutschland werden Sozialleistungen (u.a. Hartz IV) gewährt. Doch der Clochard, ein sogenannter Stadt- und Landstreicher, will keine Leistungen von Staat, ist nicht sesshaft, lebt in der freien Natur, schläft unter Brücken und bettelt…

Aber auch mit Betteln kann ein Mehr an Geld eingenommen werden. Es gibt verschiedene Strukturen (u.a. Großfamilien, Organisationen). So werden die bettelnden Familienmitglieder oder Bettelnde, die einem Gefüge angehören, zu lukrativen Orten gefahren. Dort betteln sie, müssen nach getaner Arbeit alles abliefern, um letztlich den anteiligen (oder weniger anteiligen) Bettlerlohn zu erhalten.

Für das Familienoberhaupt oder den sonst Einnehmenden werden die Gelüste nach weiteren Einnahmen immer wieder geweckt, mehr betteln = mehr Einnahmen und – das Geld liegt auf der Straße.

Ähnlich verhält es sich bei Toilettenwärter(innen). Auch sie liefern ihre Einnahmen an eine eigens hierfür organisierte Firma ab.

Im Ruhrgebiet traf ich zwei Jahre nach der Währungsreform einen Bettelnden, dem im Krieg nach einer schweren Verwundung beide Beine amputiert worden waren. Nun hatte er beide Oberschenkel in angepassten Lederschäften verhüllt, die Unterschenkel, Füße, Strümpfe und Schuhe in einem waren. Dieser Schwerstbehinderte fiel mir auf, weil er sehr ordentlich gekleidet war und sich erheblich von den sonst Bettelnden unterschied. Ich warf gern eine Münze in seinen ledernen Hut, nickte freundlich und sah, dass der Hut schon zur Hälfte gefüllt war. Wir kamen ins Gespräch und ich erfuhr, dass er verheiratet war und zwei schulpflichtige Kinder hatte. Auf seine gute Kleidung angesprochen, sagte er mir, dass seine Frau dafür Sorge trage.

Einige Wochen später traf ich ihn in einer anderen Stadt. Für den Ortswechsel-Transport nutzte er die Eisenbahn. Wieder warf ich eine Münze in seinen diesmal fast leeren ausgebeulten Hut. Zur gleichen Zeit verabschiedete sich ein Mann in meinem Alter von dem Behinderten. Später erfuhr ich, es war sein jüngerer Bruder. Wir gingen gemeinsam zum Bahnhof und ich hörte nun, dass er die gewichtigen Einnahmen seines bettelnden Bruders nach Hause brachte. Er erzählte mir, dass sein Bruder bereits Eigentümer von zwei Mietshäusern mit je vier Familien sei. Eigentlich könne er schon jetzt sorgenfrei leben, aber, er sei wie versessen und bettle weiter, ja erpicht, noch weitere Häuser zu bauen.

Ein Erlebnis gänzlich anderer Art mit Bettelnden hatte ich in der Eingangs- Ausgangsunterführung am Frankfurter Hauptbahnhof. Er saß einfach da, vor ihm eine Blechdose, nickte nur, wenn man eine Münze hinein warf. So oder ähnlich erlebte ich ihn meist am Wochenanfang oder -ende, wenn ich die Unterführung beging. Wieder einmal war Wochenanfang, der Montagmorgen eines kalten Wintertages. Vor mir ging eine gut gekleidete Dame, umhüllt mit einem Nerzmantel .Plötzlich blieb sie vor dem dezent Bettelnden stehen, stutzte. Ich ging vorbei, aber etwas zögerlich, langsam…

Plötzlich stürzte sich diese vornehme Dame auf den sehr schnellaufgestandenen „Clochard". Ich konnte nur Wortfetzen verstehen wie: „…gesucht, …nicht geahnt, …oh, du", und – sie umarmte ihn…

Ich war weiter gegangen, auch nicht annähernd wissend was sich dort abspielte. Als ich am Wochenende heimfuhr, sah ich den Bettelnden nicht mehr, auch nicht in den nächsten Wochen, Monaten.

Erst im Sommer sah ich ihn urplötzlich wieder, so, als sei nichts gewesen, wie in früheren Zeiten. Artig warf ich eine Münze in seine Blechdose, doch mit einem kleinen Hintergedanken. Mich interessierte die miterlebte Szene vor einigen Monaten, und ich stellte entsprechend diskret-höflich meine Frage. Seine Worte waren etwas stockend, aber gut gewählt und ich vernahm, die elegant gekleidete Dame sei seine Frau, nein, nicht geschieden, aber er könne es in dieser vornehm-verlogenen Gesellschaft nicht mehr aushalten, er bevorzuge, ja brauche diese, seine neue Freiheit. Seine vermeintlich sorglos-reiche Vergangenheit bliebe für ihn vergangen...

Ich verabschiedete mich, wünschte ihm alles Gute und ging doch ein wenig nachdenklich zum Zug. Noch während der Zugfahrt hingen meine Gedanken dieser Absage an ein wohlhabendes Leben wie in einem Traum nach. Was mochte ihn bewogen haben, einen solchen weitreichenden Entschluss zu fassen?

Vermutlich war es ein gewisser Überdruss. Oder war ein wohlhabender Mensch einfach depressiv überfordert, von der Familie nicht erkannt? Offensichtlich hatte eine Art Übersättigung ihr „Opfer" gefunden.

Übrigens, noch zweimal habe ich ihn in der Unterführung gesehen, dann nicht mehr...

2. Unverständliche Begierde

2.1 Schwarzarbeit

Unter Schwarzarbeit versteht man illegale Arbeit, d.h. die Umgehung des Steuer- und Sozialrechts. Der Staat erhält also keine Steuern und die Sozialversicherung keine Beiträge. Von daher wird Schwarzarbeit strafrechtlich verfolgt.

Die Aussage schwarzarbeiten" lässt sich ursprünglich auf schmuggeln zurückführen.

Selbst Nachbarschaftshilfe ist nur dann keine Schwarzarbeit, wenn keine nennenswerten Beträge fließen.

Auch ein arbeitsloser Handwerker, der Hartz IV empfängt und schwarz arbeitet, macht sich strafbar.

In den 1960er-Jahren gab es im Ruhrgebiet einen „grauen Arbeitsmarkt" in unweiter Nähe von Arbeitsämtern, aber ohne ihre Vermittlung. Hier bildeten sich kleine Gruppen Arbeitsloser, die unmittelbar von Unternehmern oder sonst Arbeitskräfte Suchenden angesprochen wurden (z.B. um Plakate zu kleben oder Möbel und Kisten zu schleppen). Sie erhielten für ihre Schwarzarbeit damals drei bis fünf Deutsche Mark.

Auch in der Übergangszeit zur Wiedervereinigung (um 1989) gab es viele Pendler aus der damaligen DDR, die auf dem bundesdeutschen Arbeitsmarkt „schwarz" die „schnelle Westmark machten"…

Heute sind es polnische Kleinhandwerker und „Putz-frauen", die in grenznahen Gebieten illegal arbeiten.

Hauptzollämter stellen oft Millionenschäden an Euro (Steuer- und Beitragsgelder) auf Großbaustellen fest (u.a. in „Stuttgart 21"), aber auch bei Paketdienstleistern, in Altenheimen und auch im Pflegedienst. Auf Großbaustellen wird oft mit gefälschten Pässen oder Scheinselbstständigkeit schwarz gearbeitet.

Es ist überwiegend die Gier des Unternehmers, die ein Mehr in die eigene Tasche spült und Fälschungen oder Betrügereien in Kauf nimmt.

Wer auch immer schwarz arbeitet, wird kaum verstehen können, dass durch „Schwarzarbeit" insgesamt tausende Arbeitsplätze verloren gehen. Doch mancher Unternehmer weiß dies sehr wohl, sieht seinen satten „Gewinn" gern, aber weniger gern seine neuen Probleme des „Schwarzgeldes" und der damit notwendig werdenden Geldwäsche…

2.2 Baumängel

Ein sparsamer Familienvater war am Ziel seines Wunsches, für die Familie ein eigenes Haus zu bauen. Das über Jahre Gesparte und ein kleiner Kredit bei der „hauseigenen" Bank bildeten die Voraussetzungen, ja Grundlagen für den Hausbau. Mit Hilfe des Internets und gründlichem Suchen wurde eine Baufirma gefunden. Die Eigenwerbung der Baufirma, ihre geschickte Selbstdarstellung ließen auch nicht annähernd erkennen, dass das geschriebene Wort, eigentlich nur Wörter, inhaltlich nur Werbungslügen waren…

Die Familie baute in einem Neubaugebiet und was sie anfangs nicht wusste, zwei weitere Familien hatten „ihre" Baufirma ausgewählt.

Es wurde zügig gebaut und entsprechend rasch floss auch das Geld an die Baufirma…

Soweit – so gut? Leider nicht!

Durch Zufall erfuhr unsere Familie, dass eine völlig andere Baufirma ihr Haus baute. Die geldempfangende Baufirma war es also nicht. Es wäre auch kein Problem geworden, wären nicht nach dem Einzug der Familie Bauunzulänglichkeiten festgestellt. Ein Gutachter bestätigte erhebliche Baumängel. Den zwei anderen Familien erging es ähnlich.

Ein gemeinsam bestellter Notar versuchte zunächst mit der ursprünglich beauftragten Firma, später mit der tätigen Baufirma die nachgewiesene Schadenshöhe (35.000 Euro, bei den zwei anderen Familien war sie noch höher) über Rückerstattung bereits gezahlter „Gelder" zu sichern. Doch die Bemühungen blieben ohne Erfolg.

Übrig blieb nur noch der gemeinsame Klageweg mit ungewissem Ausgang, häufig ein jahrelanger Prozess. Der gewünschte Erfolg stellt sich nur selten ein, ob Urteil oder Vergleich…

Wieder ist es die Geldgier der Skrupellosen, die mehrere Familien unglücklich macht.

2.3 Branchen-Namenswechsel

Tausende von Arbeitnehmern haben es schon erstaunt wahrgenommen und manche erleben es auch heute (2016), wie ein guter Bekannter von mir. Die Produktion, der Arbeitsprozess hatte sich nicht geändert, aber die Firma suchte eifrig nach einer ungünstigeren Tarifzugehörigkeit ihrer Arbeitnehmer...

Mit Hilfe der im Tarifvertrag vorgegebenen Arbeitsvorgänge jongliert man zur entsprechenden Bezeichnung und – erreicht über Absprachen (arbeitsvertragliche Bezugnahme auf den Tarifvertrag) für die eigenen Arbeitnehmer den Wechsel in eine schlechtere Tarifgruppierung (so kann sich der Stundenlohn erheblich senken, z.B. über einen Euro). Die vermutlich häufigeren Fälle sind, eigene Arbeitnehmer von Beginn an in einen niedrigeren Tarif einzustufen.

Wie kann man eigene Arbeitnehmer mit ihren guten Leistungen für die Firma bewusst unrichtig, also niedriger honorieren? Sie ist schon grenzwertig, diese Art der Habgier, der Geldgier des Arbeitgebers...

2.4 Heiratsschwindler

Wie so manche Braut mittleren Alters wartete auch unsere Nachbarin vor dem Standesamt, doch er kam nicht, der Bräutigam und Heiratsschwindler. Das Ersparte der Braut, rund 70.000 Euro hatte er mit raffinierten Sprüchen abkassiert, war längst in einer anderen Stadt untergetaucht, aber das nächste Opfer wartete schon.

Mit trickreichen Maschen und festgefahrenem schäbigen Schwindlerleben ergaunern sie von gutgläubigen Bräuten das Ersparte. Sie können von ihrer Gaunerei nicht mehr lassen. Sie hat sich zur Gier entwickelt...

2.5 Mahnschreiben

Kürzlich flatterte einem Bekannten das Mahnschreiben einer vermutlich fingierten Inkassofirma ins Haus. Inhaltlich waren unterschiedlich-bedrohliche umschreibende Worte zu lesen, der angeblich zu schuldende Betrag war verhältnismäßig hoch (550 Euro plus Mahngebühr) und ein verdächtig anmutendes Konto der Inkassofirma im Mahnschreiben genannt.

Der Bekannte war verängstigt, aufgeregt und versicherte, er könne sich nicht an Beträge erinnern, die er einer Firma schulde. Ich empfahl, auf keine Fall zu zahlen oder zu antworten, sondern den Sachverhalt dem Verbraucherschutz aufzuzeigen. Es war eine Betrugsfirma, dem Verbraucherverband bereits bekannt. Von daher hatte sich mein Bekannter richtig verhalten. Aber es ist schamlos betrügerisch, unverschuldete Menschen so in Bedrängnis zu versetzen. Offenbar kennen die Gelüste nach Geld keine Grenzen.

Mich überraschte vor rund zehn Jahren eine monatliche Rechnung der Telekom. Der monatliche Endbetrag war verdächtig überhöht und machte mich stutzig. Bei näherer Betrachtung lag die Erhöhung bei den „nutzungsunabhängigen Beträgen". Ich kürzte den Rechnungsbetrag entsprechend und verständigte Telekom. Nach 14 Tagen bestätigten sie mir den unberechtigten Einzelposten eines Internetbetrügers. Seitdem prüfe ich Rechnungen noch genauer. Doch es erstaunt mich immer wieder, welche Schlupfwege diese versessenen Betrüger verrückterweise finden...

2.6 Mietwucher

Mieten werden aufgrund eines Mietverhältnisses der Mieter an die jeweiligen Vermieter gezahlt. Die Pflicht des Vermieters ist, die Mietsache, z.B. Wohnung, zum Gebrauch dem Mieter zu überlassen und die Pflicht des Mieters ist, die Miete zu zahlen. Weitere Regelungen beinhalten der Mietvertrag oder gesetzliche Vorgaben.

In Deutschland gibt es viele Millionen Mieter und damit ein im Allgemeinen gutes Geldgeschäft für Vermieter (Ausnahmen: Mietnomaden, Messies).

Doch es gibt Unterschiede hinsichtlich der Mietkosten. In ländlichen Gebieten ist die Miete oft erheblich niedriger als in der Stadt. Und in der Stadt, vor allem in Ballungsgebieten, ist die Miete fast unbezahlbar geworden, jedenfalls für den Normalverdiener.

Im Allgemeinen wird der Mieter zufrieden sein, wenn er für seine Wohnung bis zu einem Drittel seines Einkommens zahlt. Wichtig ist, dass der Mieter bei der geforderten Miethöhe überprüft, inwieweit diese auch ortsüblich ist (Mietspiegel) und nicht mehr als rund 10% übersteigt. Aber die Realität sieht anders aus. Ob in Berlin, München oder Köln, Mieten werden in Großstädten bis zu 50% überschritten. Mir erzählte ein Bekannter, dass in der Münchener Innenstadt eine 3-Zimmer-Wohnung (83 qm) 2.950 Euro koste. Die von der Bundesregierung eingeführte „Mietbremse" ist offensichtlich wirkungslos, erreicht teilweise einen weiteren Boom von Mieterhöhungen (s.u.). Und bestimmte **Vermieter** treibt die Gier an. Die Wohnungsknappheit und erhöhte Nachfrage lässt sie skrupellos werden, oder sie sind es und machen auch mit armen Menschen klingende Münzen. So waren z.B. auf dem Münchener Wohnungsmarkt in einem Einfachhaus 60 bis 70 Bulgaren auf engem Raum eingepfercht, oder einkommensarme Familien wohnen in Elendsquartieren (kein Strom, kein Wasser, aber 500 Euro Miete). Die Gesamtsumme des Vermieters bei den Bulgaren lässt sich nur erahnen; vermutlich würde man dafür in der besten Wohngegend eine Luxusvilla anmieten können. Gierige Mietpreise zahlen oft auch Migranten für Kleinstwohnungen (9-12 qm), auch über Untervermietungen. Es sind „Problem-Menschen", die von Raffgierigen ausgenutzt werden.

In Großstädten gibt und gab es Arme-Leute-Viertel, vergleichbar mit Kreuzberg und Neukölln in Berlin. In den Armenvierteln vieler Großstädte begann aber der Wandel, weil niedrige Mieten und urige Kneipen Mieter, Künstler und Studenten anlockten. Urplötzlich waren diese Viertel für Investoren interessant und Luxussanierungen folgten Schlag auf Schlag. Sie verdrängten nun die Vorbereiter der „Künstlerviertel" (Studenten, Geringverdiener und Künstler). Und die Mietbremse konnte den Verdrängten auch nicht helfen, weil sie nicht für umfänglich sanierte Wohnungen sowie Neubauten gilt.

Wenn schon Gesetze nicht wirken, sollten Kommunalbehörden, ggf. über Tochterunternehmen, sozialen Wohnungsbau in eigener Regie übernehmen. Mit „ortsüblichen Mieten" würden die Einnahmen hervorragend sein. Und – man könnte „zwei Fliegen mit einer Klappe schlagen": erstens bezahlbaren Wohnraum schaffen und zweitens eigene Schulden abbauen (Aber: „Ach wären doch nicht die Schulden schon so hoch!!!").

Nicht nur Mieter werden abgezockt, oft auch Vermieter; es sind die Mietnomaden und Messies, die sie belasten.

Mietnomaden sind keine sesshaften Mieter. Sie täuschen oder betrügen den Vermieter. Anfangs werden Mieten gezahlt, dann häufen sich die Mietrückstände, oft erheblich, denn rechtliche Schritte bis zur Räumung dauern oft 15 bis 20 Monate (manchmal auch etwas kürzer). Und genau diese Zeit nutzen Mietnomaden aus. Ein bis zwei Tage vor der Räumung sind sie plötzlich verschwunden, der Vermieter muss auf fünf- bis zehntausend Euro Mieteinnahmen verzichten.

Messies zahlen oft ihre Miete, zocken aber ihre Vermieter mit dem Messie-Syndrom ab, d.h. ihre Unordnung und Sammelleidenschaft (überwiegend Hausmüll) lässt die Wohnung verkommen (Dreck, Ungeziefer, Schimmel, Tierkot, Gestank u.a.). Vor allem bei Langzeitvermietern ist die Immobilie nicht wieder bewohnbar und wenn, dann nur mit einer teuren Vollsanierung. Man sieht, auch Vermieter haben manchmal Problemmieter...

Doch noch einmal zu den überhöhten Mieten. Der Hauptgrund für Wuchermieten in Städten könnte die **„Landflucht"** sein.

Sie begann Ende des 20. Jahrhunderts und erhöhte sich mit Beginn des 21. Jahrhunderts erheblich.

Man merkt es auf dem Lande, in kleineren Orten; dort stehen Häuser leer, Geschäfte schließen.

Umgekehrt ist die Lage in den Städten. Hier werden Hochhäuser gebaut und Menschen wie Autodichte nehmen zu.

Vielleicht könnte sich in fünf oder zehn Jahren die Land- in eine **Stadtflucht** umkehren, weil Menschen wieder heraus aus engen, stickigen und Feinstaubüberlasteten Großstädten hinein in grüne Dörfer oder Kleinstädte wollen. Neue Gesellschaftsformen könnten auf dem Lande eineArt Kleinstadt-Dorfleben produzieren (u.a. Bio-Bauern, Wohnkultur im Einklang mit der Natur, belebende Geschäfte). Auch zufriedene und erholte Feriengästewürden vermutlich mithelfen, die beginnende Stadtflucht zu beschleunigen. Das heutige Problem überhöhter Mieten in Städten könnte sich wie von Geisterhand lösen.

2.7 Steuerhinterziehung

Wenn jemand Steuern hinterzieht, betrügt er den Staat um seine Steuereinnahmen und im erweiterten Sinne uns alle als Bürger dieses Staates. Von daher ist eine Steuerhinterziehung ein klarer Steuerbetrug (siehe auch § 370 A0). Es ist eine Straftat, die dem Staat viele Milliarden Euro Verluste beschert. So werden z.B. Ladenkassen manipuliert – geübte Könner schaffen dies über digitale Registrierkassen – die bis zu 10 Milliarden Euro Steuerverluste „zaubern". Und Banken stehen oft im Verdacht, reichlich betuchten Kunden zu helfen, ihr Schwarzgeld vor dem Fiskus zu verstecken.

Warum werden Steuern hinterzogen? Normalerweise müssen Großverdiener von ihrem hohen Einkommen 45% versteuern, bei 400.000 Euro schon knapp 180.000 Euro. Wenn man also bei 400.000 Euro nur 100.000 Euro versteuert und 300.000 Euro als Schwarzgeld verschwinden lässt, senkt man in eigener Regie ggf. auch noch den Steuersatz. Hier kommt unmissverständlich die Gier ins Spiel. Warum dem Staat so viel Steuern zahlen, wenn man das Geld doch selbst „benötigt"…

Und diese Raffgier lässt viele bekannte Großverdiener (Namen werden fast täglich in unserer Informationswelt genannt) den Rat im Bankenbereich oder bei sonstigen Finanzmaklern suchen (Beispiel: Panama-Papers). Aber es sind nicht nur beratene Großverdiener, die zu geringe Steuern an den Staat zahlen. Hierzu gehören auch Großfirmen,

Konzerne, denen es gelingt, trickreich, oft über Steuerlücken nur Bruchteile ihrer realen Steuerlast zu entrichten.

Unsere Marktwirtschaft funktioniert zwar, erleidet aber erheblichen Schaden durch Steuersünder und ihre oft „hilfreichen Briefkastenfirmen". Denn Datenenthüllungen erschrecken diese schlauen Füchse im Bereich der Steuerhinterzieher nicht; sie sind erfahrene Veränderer von Anlagefirmen und – werden weiter Steuern hinterziehen.

2.8 Geldwäsche

Nach einer Verlautbarung des Innenministeriums versteht man unter Geldwäsche die Einschleusung von illegal erwirtschafteten Geldern in den legalen Finanz- und Wirtschaftskreislauf.

Überwiegend sind es Gelder aus der Wirtschaftskriminalität (z.B. illegales Glücksspiel, Prostitution, Drogen- und Waffenhandel, Korruption), aber auch Schwarzgeld aus Steuerhinterziehungen u.a.m.

Bei der dann beginnenden Verschleierung handelt es sich vielfach um Bargelder, die oft leichtfüßig in den legalen Geldkreislauf geschleust werden; leider allzu oft in Bereichen der Banken und Kreditinstitute. Darüber hinaus fließen diese Gelder u.a. in Spielkasinos, in den Kauf von Wertpapieren, Grundstücken, Schmuck, Miethäuser, in die Gewährung von Darlehen, in Beteiligungsgesellschaften, aber auch der Zahlungsverkehr ins Ausland wird genutzt.

Wenn man an Schwarzgeld aus Steuerhinterziehungen denkt (siehe auch vorherigen Abschnitt), dominieren Briefkastenfirmen, die weltweit auf zwei Millionen geschätzt werden. Sie sind zu finden u.a. in Panama, Neuseeland, Britisch Anguilla, Großbritannien, sowie den Britischen Jungferninseln.

Bei dem Versteckspiel mit Geldern hat schon manche Bank „Federn" lassen müssen, z.b. durch hohe Bußgeldzahlungen oder gar Lizenzentzug, wie in der Schweiz...

Außerdem überrascht, dass Amerika (USA) eine große Steueroase ist, dort Briefkastenfirmen nicht transparent sind und – kein Datenaustausch stattfindet.

Man darf sicher sein, dass wir alle schon einmal „gewaschenes" Geld in Händen gehalten haben, vielleicht wurde damit auch Ware bezahlt. Gemerkt haben wir es nie. So wird die Geldwäsche auch in Zukunft mit „besonderen Waschmitteln" gelingen und damit die Einschleusung der illegalen Gelder in den legalen Markt...

2.9 Vorsätzliche Insolvenz

Erst im letzten Jahr des 20. Jahrhunderts wurde die Konkursordnung durch das Insolvenzrecht abgelöst.

Insolvenz ist die Zahlungsunfähigkeit eines Schuldners gegenüber dem Gläubiger, die vor allem aus drohender Zahlungsunfähigkeit wegen Überschuldung abgeleitet werden kann. Verfahrensregelungen zeigt die Insolvenzverordnung auf. So ist ein **Geschäftsführer** bei einem

Insolvenzgrund verpflichtet, unverzüglich einen Antrag auf Eröffnung des Insolvenzverfahrens zu stellen. Falls er ihn nicht stellt, hat er sich strafbar gemacht. Wird also ein **Unternehmen** zahlungsunfähig, kommt es in aller Regel zu einem Insolvenzerfahren...

Hat eine **Privatperson** Schulden und wird zahlungsunfähig, wird ein vereinfachtes Insolvenzverfahren (Verbraucherinsolvenzverfahren)praktiziert, mit dem Ziel des Verbrauchers, nach sechs Jahren von der Restschuld befreit zu werden. Die Restschuldbefreiung ist ggf. auch nach drei Jahren möglich, wenn der Schuldner mindestens 35% der Schulden und die gesamten Verfahrenskosten bezahlt hat. Auf fünf Jahre kann sich die Frist verkürzen, wenn der Schuldner sämtliche Verfahrenskosten beglichen hat...

Nicht zuletzt wegen der Entschuldungsmöglichkeiten wird der Insolvenzantrag oft vorsorglich, aber auch sträflicher weise**vorsätzlich** gestellt. Und vorsätzlich gestellte Anträge verbergen vielfach betrügerische Raffgier, denn zuvor wurden hohe Summen Euro beiseite geschafft. So ist z.B. gegen den Inhaber einer früheren Drogeriekette wegen vorsätzlicher Insolvenz Anklage erhoben worden, seine Kinder müssen sich wegen Insolvenzverschleppung und Untreue verantworten. Sie sollen kurz vor der Insolvenz den Gläubigern den Zugriff zu Millionen Euro entzogen, also viele Millionen Euro beiseite geschafft haben.

Bei der vorsätzlichen Insolvenz liegt häufig gieriges Handeln aus Gewinnsucht vor, ein Tatbestand, der als besonders schwerer Fall eingestuft wird. Durch diese unerlaubten

Handlungen erleiden die Betroffenen Vermö-gensverluste und werden selbst in den Bankrott getrieben...

2.10 Korruption

Bei Korruption wird eine Vertrauensstellung (Macht) missbraucht, d.h. das allgemeine Interesse wird durch Vorteilsgewährung, Vorteilsnahme, Bestechung und Bestechlichkeit verletzt. Der Begriff Korruption ist so umfassend wie das Umfeld, in dem sie gedeiht. Im erweiterten strafrechtlichen Sinne berühren auch Geldwäsche und Steuerhinterziehung dieses Machtspiel (siehe vorherige Abschnitte). Korruption kommt nicht nur in Politik und Wirtschaft vor, sondern in allen gesellschaftlichen Schichten findet man sie. Sie ist weltweit und auch in Deutschland verbreitet. So wird u.a. einem Miteigentümer eines Panzerbauers Bestechung in Griechenland vorgeworfen, manche Pharmafirmen sponsern, der Flughafen Hahn macht wegen früherer Korruption Schadensersatz geltend, u.a.m.

Aufdeckungen werden in aller Regel schwierig sein. Überwiegend gibt es nur zwei Täter, der eine der „gibt" und der andere der „nimmt". Eine Verschleierung ist leicht möglich. Auch wenn Korruption auffällt kann es gut gehen, wie bei einem Bürgermeister: er wurde trotz Korruption wiedergewählt, nur das Rathaus darf er nicht betreten??

Die Korruption ist auf allen Erdteilen verbreitet, manchmal sehr stark, und selbst in Regierungskreisen verschiedener Länder (z.B. in Brasilien, Südafrika). In vielen ärmeren Ländern ist Korruption auch eine Folge der Armut. Hinzu kommt, dass sie die Entwicklung der Wirtschaft massiv stört, Reform- und Entwicklungsziele werden erschwert.

Auch kleinere Korruptionsfälle sind vielschichtig: eine Baugenehmigung die mit Geld gespickt wird, ein Richter der durch unterschiedliche Bestechungen ein mildes Urteil fällt, ein Sportfunktionär der sich für seinen Schiedsspruch die Taschen füllt, ein Polizist der für eine Kleinigkeit einfach wegguckt, ein Politiker der Bekannten zu Pöstchen verhilft u.a.m. Diese harmlos wirkenden Vorteilsnahmen wie Vorteilsgewährungen bleiben Korruption, „man kennt sich" und – es ist die Gier, die Macht, so oder so nach mehr…

Die Gesamtheit der Korruption, vor allem in Entwicklungsländern, hat schlimme Folgen für die Wirtschaft wie Politik, denn es werden öffentliche Gelder verschwendet und private Interessen verwirklicht.

2.11 Betrug

Betrug ist strafrechtlich ein Vermögensdelikt, d.h. der Täter verschafft sich seinen Vermögensvorteil durch Täuschung Dritter, überwiegend Vorspiegelung falscher Tatsachen.

Betrugsfälle sind vielfältig; die Täter werden u.a. von Raffinesse und Raffgier gesteuert. Der Volksmund trifft auch hier mit einem Spruch „Nepper, Schlepper – Bauernfänger" ins Schwarze.

Ein bösartig-gemeines Verhalten von Betrügern ist die raffinierte Täuschung älterer, oft allein lebender Menschen mit dem Ziel, ihr mühsam Erspartes zu plündern. Immer wieder gelingt hier der Enkeltrick: der „Enkel" befindet sich in einer angeblichen Notlage, braucht Geld. Anrufe bei den Großeltern bereiten vor, Oma oder Opa machen sich Sorgen, wollen letztlich helfen. Nun kündigt der Betrüger einen Boten an, der kalt und gierig das Ersparte abholt. Manchmal werden alte und gebrechliche Leute um einige tausend Euro oder sogar um ihr gesamtes Erspartes beraubt, nur, weil sie gutgläubig ihrem vermeintlichen Enkel helfen wollten.

Tipp: Man muss bei Fremdanrufen und Geldangelegenheiten misstrauisch werden, den Hörer auflegen.

Bei Geschäften an der Haustür ist Vorsicht geboten, denn die Gefahr des Betruges ist meist vorprogrammiert.

Tipp: Keine Haustürgeschäfte machen.

Auch der Heiratsschwindler ist ein Betrüger (siehe 2.4). Nachfolgend sind grob die vielschichtigen Betrugsfälle festgehalten:

Arzneimittelfälschungen (oft im Ausland), Geldwäsche (siehe 2.8), Verkaufsveranstaltungen, Werbeanrufe (verbotenerweise), Gewinnversprechungen, manipulierte Geldautomaten, Falschgeld, Anlagebetrug, Kreditbetrug, Kreditkartenbetrug u.a.m. Ja selbst 1Cent-Bonuspunkte für Kunden zweigen hier und da Mitarbeiter für sich ab.Es handelt sich um das Bonusprogramm Payback. Immerhin beläuft sich der Gesamtschaden auf 40 Millionen Bonuspunkte, also 400.000 Euro. Der Arbeitgeber wird den Schaden von seinen Mitarbeitern zurückfordern. Am Payback-System der Bonuspunkte sind 600 Kooperationspartner und 28 Millionen Teilnehmer (Kunden) beteiligt. Ein leichter Betrug war wohl zu leicht möglich.

Bei dem schweren Betrug mit Hilfe Vorspiegelung falscher Tatsachen täuschen Betrüger Gutgläubige und greifen gierig in die Taschen ihrer Mitmenschen…

3. Sprudelnde Geldquellen – Gefahren

3.1 Diamanten

Reinheit, Farbe, Gewicht (1 Karat = 0,2 Gramm) und der spätere Schliff zeichnen **Schmuck-Diamanten** aus. Weniger wertvolle Diamanten werden z.t. als **Industrie-Diamanten** benötigt.

Schriftlich erwähnte historische Fundorte von Diamanten gab es schon vor 6000 Jahren, z.B. in Indien. Sie waren begehrter Schmuck und man sagte den Diamanten magische Kräfte nach.

Die bekanntesten Vorkommen liegen heute in Südafrika und Namibia.

Aber in den Jahren zuvor gab es Fundstellen, u.a. in

Süd-West-Afrika (1908),

Kongo, Liberia, Tansania (1910),

Angola, Ghana, Elfenbeinküste (1916),

Südafrika (1929),

Sierra Leone (1930).

Zwar funkeln die Diamanten, aber Bevölkerung und Umwelt müssen leiden, werden erheblich belastet. Gearbeitet wird ohne Schutzbekleidung und Arbeitssicherung, sodass erhöhte Unfälle und Krankheiten das traurige Ergebnis sind.

Fast unvorstellbar ist, dass die einheimische Bevölkerung von Haus und Hof vertrieben wurde, meist ohne

Entschädigung. Und – nach vielen Jahren des Abbaus hinterließ man große Flächen der Verwüstung. Nur bestimmte „Eliten" konnten sich bereichern.

Trotz weltweiter Abkommen bleibt die Herkunft von Diamanten vielfach undurchsichtig. Korruptionund Schmuggel sind alltäglich; es wird illegal geschürft, gebaggert und gegraben. Weit schlimmer, es werden Konflikte, ja Bürgerkriege finanziert. Die Gier hat keine Hemmungen, sie hinterlässt eine bettelarme Bevölkerung.

Mit vielleicht einer Ausnahme liegen die Fundorte in wirtschaftlich armen Ländern. Die Ausnahme zeigt Botswana auf. Hier fließen rund 50% der Einnahmen der Regierung zu und die Bevölkerung nimmt indirekt und auch direkt (kleine Rente) daran teil.

Allen anderen Fundort-Ländern haben die funkelnden Diamanten kein Glück gebracht; Glücksritter wurden nicht die Armen, sondern die Reichen und – oft verbunden mit der Gier...

3.2 Gold

Die gängigen Goldanteile bei Goldschmuckstücken sind 333, 585, 750 und bei reinem Gold 999,9. Bei einer Legierung von 333 sind in dem Schmuckstück 667 **Nicht**-Goldanteile (Silber, Kupfer oder Palladium).

Die historischen Fundorte von Gold sind im Vergleich zu Diamanten auch 6000 Jahre alt (z.B. in Bulgarien, Grabbeilagen in Warna). Die Gewinnung von Gold erfolgte in vorindustriellen Zeiten über Waschen von Flussschlamm an Flussläufen. Das Gold setzte sich aufgrund seiner Schwere beim Schwenken der Pfanne am Boden ab. In jüngerer Zeit des Goldrausches wird das Gold aus einer Gesteinsmasse herausgelöst.

Während die einfache, aber umweltfreundliche Gewinnung von Gold über Waschen von Flussschlamm und Schwenken von Pfannen möglich macht, wird nunmehr im Zuge des Goldabbaus die herausgelöste Gesteinsmasse gemahlen, mit Quecksilber vermengt und durch Erhitzung das Feingold gewonnen (Amalgamation) oder aber über eine chemische Reaktion mit Natriumzyanid (Zyanidlaugerei).

Beide Methoden waren in der Vergangenheit umweltschädlich und sind es aus heutiger Sicht umso mehr…

Anders als bei Diamanten wird Gold auch in wirtschaftlich stabilen oder starken Ländern gewonnen, so in Australien, China, Russland, USA, darüber hinaus in Südamerika, Mittelamerika, Südafrika, Guatemala, Ghana u.a.

Die Förderung nach Gold hat der Umwelt bisher sehr „weh" getan. Große Abbauflächen wurden verwüstet, das **Erdreich** und die angrenzenden **Flüsse vergiftet** (u.a. Quecksilber, Zyanid). Und wie beim Abbau von Diamanten wurden auch im Bereich der Fundorte von Gold Einheimische vertrieben…

Schlimm ergeht es den Goldgräbern, die aus ihrer Armut heraus gierig nach Gold „schürfen" (z.B. Guayana, Mosambik, Ghana). Sie werden Sklaven ihrer Gier nach Gold; Unfälle, Krankheiten und bettelarm bleibend sind das traurige Ergebnis. Der verständlich gierige Goldrausch der Ärmsten lässt einfach nicht mehr zu, die **jahrelange Verseuchung** der alten **Fundorte** mit den oben genannten Giften als **Gefahrengebiet** zu **erkennen**.

3.3 Industrialisierung

Beginnen möchte ich mit der Erfindung einer Kraftmaschine, die über Hitze-Wasserdampf die Industrialisierung im 18./19. Jahrhundert einläutete; es ist die Erfindung der Dampfmaschine (1769 erhielt James Watt sein Patent).

Aber – mit Beginn des Industriezeitalters entstand neben Land- und Stadtbevölkerung eine völlig neue Industriegesellschaft, die mit der „Folgeerfindung" der Eisenbahn die Landschaften rasch über Fabriken und tausenden von Arbeitern in **Industriegebiete** verwandelte...

Während dieser Zeit – gut Mitte des 19. Jahrhunderts – gab es für viele Arbeitssuchende keine Arbeitsmöglichkeit und diejenigen, die Arbeit hatten, wurden zu gering bezahlt. Ständige Investitionen der Unternehmer, aber auch Raffgier verhinderten den gerechten Lohn. Die **Arbeiter** waren **Notleidend**, abhängig von dürftiger Armenunterstützung und lebten in überfüllten Arbeiter-quartieren.

Es gab also in **dieser Zeit** in Deutschland, ja ganz Europa, genauso **bettelarme Menschen** wie in den beiden Abschnitten (Diamanten, Gold) zuvor aufgezeigt. Auch hier gab es Kinderarbeit, keinen Arbeits-, Unfall-, Kranken-, oder Umweltschutz...

Doch dann veränderte die fortschreitende Entwicklung der Industrie mit ihren Unternehmern und Arbeitern auch die Lebensbedingungen der Menschen.

In den sogenannten Gründerjahren entwickelten sich politische Organisationen, Banken, das „Deutsche Reich", in der Epoche Bismarcks der **Versicherungsschutz** der Arbeiter und Angestellten (Kranken-, Unfall- und Rentenversicherung). Wissenschaft, Bürger- und Reichtum; **Erfindungen**(Elektrizität, Schlüsseltechniken für Eisen, Kohle und Strom, Auto, Flugzeug...) ergänzten die Gründerjahre.

Rücksicht auf unsere Umwelt oder Arbeitswelt ließ der **neue Stand** der **Wohlhabenden** und die zum Teil mit entwickelte Gier nicht zu, dafür umso mehr die eigene **Prasserei** und Verschwendungssucht. Wie gut, dass es auch den besonders **wertvollen Unternehmergeist** und die **willigen Arbeiter** gab...

3.4 Kohle

Seit dem Hochmittelalter baute man bereits **Steinkohle** ab. Frühe Bergbauformen (Feuersteingewinnung u.a.) waren bereits in der Steinzeit bekannt.

Zwischen dem 16. und 17. Jahrhundert war die Holznot groß, vor allem mangelte es an Brennholz. Mit Beginn des 18. Jahrhunderts begann der Abbau der **Braunkohle**. Sie wurde nicht nur rettender Brennholzersatz, sondern später für die Stromerzeugung benötigt. Für den Braunkohleabbau entwickelten sich die Reviere „Rheinland", „Lausitz", „Mitteldeutschland" u.a.m.

Mit Hilfe der Dampfmaschine konnte der Bergbau für den Abbau der **Steinkohle** in größere Tiefen vorstoßen. Es entstanden drei große Industrieregionen für den Kohleabbau (Ruhrgebiet, Oberschlesien und Saarland).

Ich selbst bin in einem dieser Abbaugebiete 1926 – im Ruhrgebiet in Bochum geboren. Es war ein düsteres Revier, mit Abbauhalden, Zechen, Hüttenwerken und qualmenden Schornsteinen, aber – mit liebenswerten Nachbarn und „Tante-Emma"-Läden im Umfeld. Im Gegensatz zu den Kindern der Landbevölkerung mit ihrem Naturumfeld waren wir auf schmutzige Asphaltstraßen und Aschespielplätze angewiesen; entsprechend schmutzig sahen wir auch nach dem Spielen aus. Vermutlich waren die Veredelung der Kohle in Koks (Kokereien) und Hüttenwerke ursächlich. Zwischen den Schloten mit den langen Rauchfahnen lagen Städte und Siedlungsgebiete mit ihren dunklen und grauen Häusern, so auch mein Heimat-ort Bochum (einst ein Kuhdorf...). Meine Mutter musste täglich die schmutzigen Fensterbänke säubern (Kohlestaub, Rußpartikel...), wir Kinder nahmen diese belastende Umweltverschmutzung kaum wahr.

Die Kohle gab der Industrialisierung einen entscheidenden Schub (Dampfmaschine, Eisenbahn) und wurde/wird generell in Kraftwerken (elektrische Energie, Kraft-Wärmeverbindung) und Kokereien genutzt.

Das Kohlezeitalter neigt sich seit Jahren dem Ende zu. Ursächlich ist der Subventionsausstieg (2018) der Regierung wegen der Kostenstrukturen eingeplant, denn die Weltmarktpreise waren/sind nur halb so hoch gegenüber den Förderkosten der Kohle in Deutschland.

Man darf davon ausgehen, dass auch der Braunkohleabbau mit seiner Vernichtung und Verunstaltung idyllischer Dörfer und Landschaften bald folgen wird.

Mit der Einstellung des Kohleabbaus wird zwar ein langjähriger Energieerzeuger der Kraftwerke (Strom, Wärme, Stahl) endgültig verschwinden, aber auch einer der größten **Umweltverschmutzer.**

Der Kohlenstoff in der Kohle setzt bei Verbrennung **CO_2frei** und heizt erhöht den **Klimawandel** an, insbesondere bei Braunkohlekraftwerken. Letztere verunstalten darüber hinaus Landschaftsflächen (s.o.) und verursachen erhöhte **Staubentwicklung** und **Grundwasserabsenkungen.** Beim Steinkohlebergbau sind zusätzlich **Bergschäden** (Erdsenkungen) zu beklagen.

Glücklicherweise sind oder werden Kohleabbaugebiete u.a. zu „**Naherholungsgebieten**" umgestaltet (neue Landschaftsgestaltungen, Bagger-Seen). Selbst ehemalige **Abbauhalden** sind vor Jahren bepflanzt worden und stehen heute als kleine **Waldgebiete** mit Wanderwegen zur Verfügung...

3.5 Eisen – Stahl

Stellvertretend für alle Eisen- und Stahlproduktionen nehme ich die Hoesch-AG in Dortmund als Beispiel.

Vor Gründung des Eisen- und Stahlwerkes „Hoesch" in Dortmund war die Familie Hoesch in der Eifel produktiv, und zwar seit 1819 u.a. in Monschau und seit 1847 auch in Eschweiler.

Bereits 1871 gründete Leopold Hoesch, seine Söhne Wilhelm und Albert sowie seine Cousins Viktor und Eberhard in Dortmund ein neues Eisen- und Stahlwerk.

Doch Ausgangspunkt für die wirtschaftlichen Impulse in Dortmund gingen weit früher vom Bergbau und von Eisenhütten aus. So kaufte Fabrikant Piepenstock aus Iserlohn im Jahre 1841 die „Hörder Burg" mit dem weiträumigen Grundbesitz und baute ein Puddel- und Walzwerk, um Stahl zu fabrizieren (puddeln = aus Roheisen Schweißstahl gewinnen).

Rund drei Jahrzehnte vor der Hoesch-Gründung wurde also im südlichen Dortmund Stahl produziert und weitere 95 Jahre später fusionierte Hoesch mit eben diesem zusammengewachsenen Stahlunternehmen Dortmund-Hörder-Hüttenunion (Phönix-Ost und Phönix-West). Ohne die vor 1966 vielschichtigen Aktivitäten (u.a. Fusionen) zu nennen, soll der Umsatz und die Anzahl der Beschäftigten des

Hoesch-Konzerns in dieser Zeit aufgezeigt werden. Der Umsatz lag bei knapp 2,4 Milliarden DM und die Beschäftigungszahl bei gut 48.000 Mitarbeitern.

Doch die Stahlkrise hatte längst begonnen und nachfolgende Fusionen waren zum Nachteil von Hoesch; Stilllegungen erfolgten (Phönix um 1993, Westfalenhütte 2001). Letztlich wurde Hoesch von einem Konsortium aus China aufgekauft und in China wieder aufgebaut...

Der Name „Phönix" prägte jahrelang in Dortmund eine „Stahlproduktionsstätte, ja -kette". Nach dem endgültigen Niedergang von Hoesch (um 2000/01) kann man heute noch u.a. den großen Hoesch-Gasometer als Industriedenkmal bestaunen.

Nun ist aber der Name „Phönix" mythologisch angehaucht und in der Mythologie ist er ein Vogel der verbrennt, um wieder wie „Phönix aus der Asche" aufzuerstehen. Und – vielleicht stieg „Phönix aus der Asche" 2010 restlos verändert wieder auf, nun als **„Phönix-See"** mit einem sehenswerten Naherholungsgebiet...

Aus Teilen eines Industriegebietes „Hoesch/Phönix" entstand in Dortmund ein **Park am See**...

In der Blütezeit des Bergbaus und der Eisen-/Stahlindustrie (mit nur wenigen Autos) waren Gift und Staubbelastungen erheblich (siehe auch Abschnitt 3.4).

Leider sind nun wieder, wie in fast allen Städten, die **Gift-** und **Staubbelastungen** durch den **erhöhten Autoverkehr** mit den schädlichen Abgasen menschenverachtend hoch (siehe hierzu Abschnitt 3.13).

3.6 Erdöl – Erdgas

Die technischen Bohrungen und **Erdöl**förderungen begannen Mitte des 19. Jahrhunderts in Russland und USA, in späteren Jahren u.a. in Saudi-Arabien (1938) sowie in Deutschland (1950 im Emsland). Historisch weit früher nutzten die alten Babylonier wie Ägypter bereits aus der Erde sprudelndes Öl, und zwar als Schmiermittel und Leuchtmittel (Öllampen).

Die heutige Gewinnung von Erd**öl** oder **Gas** gelingt über Suchen, Finden und Fördern. Beim Suchen empfangen Geophone Signale über z.B. Ölvorkommen. Erschlossen werden die gefundenen Vorkommen mit unterschiedlichen Techniken. **Erdöl** und **Erdgas** werden **nun weltweit gefunden**, vor allem, weil Gas- und Ölvorkommen aus **Gesteinsschichten** mit einem Gemisch aus Wasser (94,..%), Sand (5%) und chemischen Zusätzen (0,5%) unter hohem Druck **gelöst** werden. Hierbei wird u.a. das Gestein aufgebrochen, der Sand hält die Risse auf und Öl oder Gas können herausströmen. Dieses nicht unbedingt umweltfreundliche Verfahren nennt man „**Fracking**". Erdöl- wie Erdgasvorkommen sind zwar in fast allen Ländern zu finden, aber Schwerpunkte liegen u.a. in Russland, USA, Saudi-Arabien, China, Kanada, Iran, Mexiko, Venezuela, Jemen, Kuwait...

Erdöl ist für die Industriegesellschaft ein z.Zt. besonders wichtiger Rohstoff. Er dient vor allem als Treibstoff für Verkehrs- und Transportmittel (Auto, Flugzeug, Schiff...), hilft der chemischen Industrie zur Herstellung von Kunststoffen u.a. und erzeugt auch Elektrizität. Von daher ist der Wettlauf nach Fundorten des „schwarzen Goldes"(Erdöl) zu begreifen. Hinzu kommt, dass der Rohstoff **Erdöl nicht unendlich ist.** Doch die vielschichtigen **Förderungstechniken** und **Förderungen** selbst **bergen Gefahren** in sich: bei Fracking ist die Bevölkerung in näherem Umfeld gesundheitsgefährdet, Bohrinseln bergen Havarien, Fischsterben und Belastungen der nahe gelegenen Küsten mit ihrem Vogelparadies in sich.

Wie verlangend, ja begierig Fundorte von Erdöl oder Erdgas durch Unternehmen gesucht werden, lässt erkennen, dass nun sogar in Alaska gebohrt wird. Warum, wenn man weiß, dass die naturbelassene Arktis lebenswichtig für das Klima ist? Bohrungen nach Öl und Gas sind ein **Störenfried** für das **Klima** und für die **Umwelt**, machen den Lebensraum von Robben, Polarbären u.a. noch anfälliger. Nicht weniger belastend sind z.B. kriegerische Auseinandersetzungen um Erdöl.

Wir brauchen z.Zt. noch die Rohstoffe Erdöl und Erdgas, wir brauchen aber auch den Umweltschutz...

Denn Havarien, Gesundheitsschäden, Tiersterben (s.o.), erhöhte Erdbeben u.a.m. lassen aufhorchen und **empfehlen,**

sorgsamer mit unserem „**Stückchen Erde**" **umzuge-hen**...

3.7 Atomkraft

Der Begriff „Atomenergie" stammt schon aus der Zeit des Übergangs vom 19. ins 20. Jahrhundert, allerdings ohne Einzelheiten über den Aufbau von Atomen zu wissen. Von daher möchte ich vereinfacht das Herzstück des Kernkraftwerkes (Atomkraftwerkes – AKW –) erwähnen, den Kernreaktor, der aus Brennelementen besteht und durch Kernspaltung sowie dem radioaktiven Zerfall Wärme erzeugt. Zur weiteren betrieblichen Funktion gehören u.a. Dampfturbine, Generator, Transformatoren, Kühlmittel, Ventile zur Sicherheit...

Als Kernbrennstoff dient angereichertes Uran.

Zurzeit gibt es in Deutschland zwölf Kernkraftwerke und einige grenznahe ausländische Atomkraftwerke.

Doch nach der Katastrophe von Tschernobyl 1986 (Super-GAU) wollten viele Menschen den Atomausstieg. Und unmittelbar nach der Nuklearkatastrophe von Fukushima beschloss Kanzlerin Merkel, später Kabinett, Bundestag und Bundesrat den Ausstieg.

Zwar sind die Emissionen (Kohlen- und Schwefeldioxid, Stickoxide 10- bis 30-fach geringer als bei dem Energieträger Kohle, aber die **nuklearen Risiken** und **Langzeitgefahren** sind **erheblich**.

So ist die Gesundheit der Bevölkerung im näheren Umfeld gefährdet (Blutkrankheiten u.a.). Mitarbeiter nehmen Schaden bei Unfällen, ggf. auch die Bevölkerung und die Langzeitgefahr durch nukleare Abfälle (Aufbewahrung über Jahrhunderte) bleibt bestehen...

Die **Nachfolgeenergieträger** sind **erneuerbare Energien** (Sonnen-, Wind-, Wasserkraft u.a.). Der Atomausstieg ist für Deutschland 2022 vorgesehen.

Aber die Atom-Lobby, die zu ihren Lebzeiten das Geld mit Hilfe der Atomkraftwerke weiter scheffeln will, hat bereits in der EU ein sogenanntes Diskussionspapier für einen neuen Anschub der Atomkraft „eingebracht". Die Begründung ist einfach: „Unabhängigkeit" (z.B. vom Gas) und Klimaschutz (u.a. geringe Emissionen). Aber – die Gefahren, die von Atomkraftwerken ausgehen, werden einfach ignoriert, der eigene „Atomtrieb" lässt nichts anderes zu, oder doch? (siehe 3.8). Ohnehin haben sich die vier Atomkraftwerksunternehmen (RWE, E.on, Vattenfall und EnBW) aus der **Langzeitverantwortung frei gekauft** (mit 23,3 Milliarden Euro). Die Verantwortung trägt nun der Staat, sprich: Steuerzahler.

Es ist eine Zukunftsverantwortung für nuklearen Müll in Zwischen- und Endlagern, 23,3 Milliarden Euro, ein Schnäppchenpreis im Vergleich zu der unermesslich wachsenden Kostenlawine...

3.8 Seltene Erden

Das Wort „selten" irritiert, denn Seltene Erden sind auf unserem Fleckchen Erde gar **nicht** so **selten**; Platin und Gold sind erheblich seltener zu finden.

Bereits im **18. Jahrhundert** und in der Folgezeit wurden **Elemente** der **Seltenen Erden gefunden**.

Im 20. Jahrhundert begannen mit Elementen der Seltenen Erden Radioaktivitäten und Ionenaustausch, die letztlich zu atomphysikalischen „Ergebnissen" führten.

Die größten **Vorkommen** Seltener Erden befinden sich heute in

China	36 Mio. Tonnen = 38%
Russland	19 Mio. Tonnen = 19%
USA	13 Mio. Tonnen = 13%
Australien	5,4 Mio. Tonnen = 5%
Indien	3 Mio. Tonnen = 3%
Übrige Staaten	22 Mio. Tonnen = 22%

Bei der weltweiten **Förderung** hat **China** mit 97% die Nase „weit vorn". Die inzwischen von den Industrieländern benötigten Seltenen Erden lassen die nun sprudelnden **Geldquellen** nur erahnen, denn Seltene Erden werden für die heutigen Schlüsseltechnologien zwingend benötigt.

Bereits 1992 sagte der frühere starke Mann Chinas **Deng Xiaoping**, der **Nahe Osten** habe sein „**Rohöl**", China die „**Seltene Erden**".

Mit nachfolgenden Metallen der Seltenen Erden werden die maßgebenden **17 Elemente** aufgezeigt, wie

1) **Cer (Ce)**
2) Dysprosium (Dy)
3) Erbium (Er)
4) **Europium (Eu)**
5) **Gadolinium (Gd)**
6) Holmium (Ho)
7) **Lanthan (La)**
8) Lutetium (Lu)
9) **Neodym (Nd)**
10) **Praseodym (Pr)**
11) Promthium (Pm)
12) **Samarium (Sm)**
13) Scandium (Sc)
14) Terbium(Tb)
15) Thulium (Tm)
16) Ytterbium (Yb)
17) **Yttrium (Y)**

Anmerkung:

a) Die **fett** geschriebenen Elemente haben die größere **industrielle Bedeutung**

b) 1, 4, 7, 9, 10, 11, 12, 13 sind **leichte** Seltene Erden, die übrigen schwere

So werden Seltene Erden **industriell gebraucht** für:

Katalysatoren (Ce, La, Nd, Pr, Y)

Magnete (Dy, La, Nd, Pr, Sm, Tb)
u.a. Elektofahrzeuge, Festplatten, Hybridfahrzeuge, Lautsprecher, Kernspintomograph, Windräder

Batterien / Legierungen (Ce, La, Nd, Pr, Sm, Sc)
u.a. Brennstoffzellen, Legierungen, Zündgeräte

Glas / Keramik (Ce, La, Nd, Pr, Y)
u.a. Färbung, Kondensatoren, Poliermittel, UV

Phosphor / Lumineszenz (Ce, Eu, Gd, La, Tb, Y)
u.a. Energiesparlampen, Laser, LCD, LED, Plasma-Bildschirm

Sonstige (versch. Elemente)
Düngemittel, Militärtechn., Nukleartechnologie, Wasseraufbereitung

Erkennbar wird, dass die umfangreiche **Hightech-Produktion**, ob im **digitalen Bereich** (u.a. Bildschirme, Notebooks, Smartphone, Elektronik) oder vor allem auch im Zusammenhang mit **erneuerbaren Energien** (u.a. Windkraft- oder Solaranlagen) Seltene Erden zwingend benötigt, ja abhängig ist.

Aber – bei der Förderung seltener Erden fallen erhebliche **Giftstoffe** an, u.a. auch radioaktiver Müll. Zwar helfen künstliche Teiche, die mit einem Damm umgeben sind, diesen giftigen Abfall zu lagern.

Falls jedoch in ärmeren Ländern Seltene Erden ohne Sicherung abgebaut wird oder bei Sicherungsversagen (z.B. Dammbruch) sind schwere Umweltschäden mit Giften im Grundwasser, in der Luft sowie im Boden (siehe auch Abschn. zuvor) unvermeidbar, leider…

Hilfslösungen für die Zukunft werden aber sichtbar: **Recycling**. Über ein spezielles Verfahren könnten „Seltene Erden" u.a. aus Handy-Müll gewonnen werden, um damit Minen zu entlasten. Doch die **Visionen der Zukunft** machen deutlich, dass uns **„Seltene Erden"** helfen werden,

- **erneuerbare Energien**

weiter auszubauen und anstelle des Treibstoffes (u.a. Benzin, Diesel) bald die

- **Elektromobilität**

als Triebfeder und Kraftquelle u.a. aller Flug- und Fahrzeuge zur Verfügung steht.

3.9 Erneuerbare Energien

Erstaunlich ist, dass die vier Atomkraftwerksunternehmen nunmehr für erneuerbare Energien mit dem Slogan werben: „Erneuerbare Energien für heute, morgen und übermorgen." (Nur für drei Tage? … ein Scherz.)

Wind-, Wasser-, Sonne-,Meeres- und Erdwärme-, Bioenergieanlagen, also u.a. Windräder, Wasserkraftanlagen Photovoltaik- und auch Biomasseanlagen sollen die Atomanlagen und die fossilen Energiequellen ablösen.

Das ist gut so, wenn es gelingt und die Atombefürworter wie Kohlekraft-Bejaher kein Beinchen stellen...

Denn Kohlekraftwerke haben einen zu hohen CO_2-Ausstoß (Klima) und Atomkraftwerke bilden eine Gefahr für Menschen (Gesundheitsgefährdung, Unfälle) und für die Zukunft (nukleare Abfälle – Zwischen- und Endlager). Außerdem kommt mehr als die Hälfte der in AKW/KKW (Atomkraftwerke) hineingesteckten Energien gar nicht beim Endverbraucher an.

Und nun zu den Vorteilen der sogenannten **unbegrenzten** regenerativen (erneuerbaren), ja **sauberen Energien.**

Historisch gab es bereits im Mittelalter Mühlen mit Mahltechniken, die über Wind- oder Wasserkraft betrieben wurden.

Heute sorgen **Windparkanlagen** mit ihren Windrädern für eine leistungsstarke Stromproduktion.

Mit den **Photovoltaik-Anlagen** wird das Sonnenlicht direkt in Strom umgewandelt.

In Ländern, wo es die Sonne gut mit der Erde meint, können **solarthermische Kraftwerke** (große Spiegel bündeln das Sonnenlicht, Wärme treibt Dampfturbinen an) eingesetzt werden.

Auch **Wasserkraft** (u.a. Staudämme und -mauern, Meeresenergien, Flusswasserkraftwerke) kann zur Stromerzeugung genutzt werden.

Das gleiche gilt für **Biomasse**, die in Bioenergien umgewandelt werden. Diese sauberen Energien und weitere natürliche Energiequellen (z.b. Erdwärme) helfen künftig generell, klima- und umweltfreundlich elektrischen Strom zu erzeugen...

Endlich und – D A N K E !

3.10 Elektrizität

Seit vielen Jahrhunderten ist der Menschheit die in der Natur auftretende Elektrizität bekannt (z.b. elektrische Impulse im menschlichen Körper und im Körper sonstiger Lebewesen oder die Blitze bei einem Gewitter), aber erst Ende des 19. Jahrhunderts wurde der künstliche elektrische Strom erfunden. Er gab der Industrialisierung u.a. über Fließbänder einen zweiten erhöhten Schub...

Erzeugt wird dieser Strom generell durch Bewegungsenergie, die in elektrische Energie umwandelt. „Helfer" sind Energieträger (siehe Abschnitt zuvor) sowie drehende Turbinen mit Strom erzeugenden Generatoren.

Auf Feinheiten der künstlichen Stromerzeugung (u.a. Stromkreis = Ampere – Ohm – Volt; Leistung = Watt) soll hier nicht eingegangen werden.

Und in die Steckdose daheim gelangt der elektrische Strom vom Kraftwerk über Transformatoren, aber – man sieht ihn nicht, den alltäglich „Gebrauchten". Tatsächlich brauchen wir ihn täglich als Licht-, Wärme- und Kraftquellen sowie in digitalen Bereichen. Da **Elektrizität** in der Natur vorhanden, also **natürlich** ist, sollten **Energieträger**, die ihn künstlich erzeugen, **auch „natürlich"**, d.h. umweltfreundlich sein und Sonne, Wind, Wasser sowie Biostoffe nutzen (erneuerbare Energien, siehe Abschnitt zuvor).

Elektrizität, die „leise Unsichtbare", kann für Kinder wie für Erwachsene bei Unachtsamkeit gefährlich werden (Stromschlag). Von daher sollten (Klein-)Kinder mit Steckdosen nicht in Berührung kommen und es muss vermieden werden, elektrisch angeschlossene Geräte in der Nähe der mit Wasser gefüllten Badewanne abzulegen oder zu verwenden...

Trotz dieser „kleineren Gefahren" ist elektrischer Strom aus unserem Alltag nicht mehr wegzudenken. Er ist ein treuer Begleiter geworden und hat sich zu einem besonders **wertvollen Energieträger** entwickelt.

3.11 Digitale Welt

Die **elektronische Revolution** löst **Veränderungen** im **gesellschaftlichen Umfeld** aus wie vergleichsweise die Industrialisierung vor 200 Jahren und nochmals erhöht mit der Elektrizität Ende des 19. Jahrhunderts, also Dampfmaschine (Bewegung), Elektrizität (Fließband), Computer (Automatisierung).

Ein völlig neuer Informations- wie Kommunikationsaustausch ist weltweit über die Digitalisierung eingetreten, unendliche Speicherkapazitäten machen es möglich.

Die Erfindungen des Computers, Internets wie Mikrochips und die damit verbundenen automatisierten Produktionserweiterungen zeigen das Ausmaß auf.

Anfangs (**um 1960**) brauchte der **Groß-Computer** mit seiner „Hardware" noch **viel Platz** und **gekühlte Räume** um letztlich die „Software" zu produzieren. Doch bereits **Anfang der 70er**-Jahre kam der **PC** auf den Markt, war klein und jeder konnte ihn kaufen.

In den Büros wie daheim löste der kleine PC die Schreibmaschine ab und die **Textverarbeitung** fand Einlass. Letztere, also vorformuliert-gespeicherte Textseiten, die ggf. zusätzlich ergänzt wurden, erleichterten das Büroleben und trotzdem erhielten die Empfänger auf ihre brieflichen Anfragen klare Antworten über einen Brief.

Aber – zwischen den Anfängen und heute liegen Meilensteine. Heute werden digitale Nachrichten zwischen Sender und Empfänger ausgetauscht und – es können zusätzliche digitale Daten wie Bilder, Dokumente oder gar Videos versendet werden.

Wer keinen PC oder kein Handy hat, erlebt im normalen Briefverkehr manche Überraschung, denn anstelle von Antworten auf das im Brief vorgetragene Anliegen, erhält der Empfänger vorgefertigte Texte, die aber sein Problem nicht ansprechen. Vereinfacht: „Briefschreiber" und „Beantworter" sind ins Abseits geraten, 1. der Fragesteller ohne PC und 2. der Antworter mit seinen nichtssagenden oder ausweichenden Fertigtexten.

Mit Internet, WLAN (Funktechnik), Windows u.a. begann ein Zeitalter, das für die Markteroberungen digitaler Produkte förderlich war. PC, Laptop, Handy, CD, DVD, Smartphone,Tablet, Digital- und Videokamera, digitales Fernsehen und Telefon (löste „analoges" ab) wie weitere digital-industrielle Produktionen (z.B. Kernspintomographie, Navigationssysteme) gehören mit vielen weiteren Produkten zum digitalen Zeitalter. Längst haben auch industrielle Verschmelzungen von digitalmechanischer Technik stattgefunden.

Zwar findet in Hannover die größte IT – Messe (Cebit) statt, aber viele Unternehmen in Deutschland, vor allem die Mittelstandsunternehmen sind ohne Beratung über digitale Neuerungen und ihre Anwendungen überfordert. Oft waren es aus heutiger Sicht notwendige Selbstverständlichkeiten, so z.B. vom Offset- zum Digitaldruck oder von der Schreibmaschine zum PC; hier haben etliche Unternehmen verschlafen. Ein Versandhaus war im Handel aber hellwach, so liegt „Otto" im Internet-Handel um Längen vorn.

Die Software schöpft Werte ab und wird es weiter tun, so wie in den Branchen Film, Musik, Medien, Handel und nun erheblich verstärkt in der Industrie. Das Geschäft mit den Verbrauchern boomt, die Digital-Champions haben gierig raffend den Markt erkannt.

Künftig werden Beschäftigte und Maschinen „zusammen wachsen", weil hochwertige Arbeitsspeicher der Computer dafür sorgen.

Als Zukunftsversion ist denkbar, dass vermutlich Spezialisten dem Computer sagen was zu tun ist und alle übrigen Beschäftigten werden vom Computer gelenkt, ja beauftragt.

Aber niemals sollten Maschinen und Roboter die menschliche Vorstellungs- und Schöpferkraft ersetzen.

Doch für Unternehmen und deren Beschäftigte lauern Gefahren. Kleine wie große digitale Geschäftsfelder werden „geschluckt" werden, so wie beispielsweise „Instagram" und später „WhatsApp" von Facebook. Vermutlich müssen auch riesige Geschäftsfelder wie „Google", „Apple" oder „Facebook" aufpassen. So wie führende Firmen ihre Markpositionen verlieren oder noch schlimmer, gänzlich vom Markt verschwinden, werden Beschäftigte keine oder nur wenige lebenslange Arbeitsstellen vorfinden. Unbestimmt werden auch künftige Arbeitsverhältnisse sein (u.a. Leih-, Zeit-, Callcenterarbeiten, Dauerbefristungen).

Die digitale Welt wird die Menschheit beeinflussen; unsere Gesellschaft wird sich, wie schon angedeutet, verändern (künstliche Intelligenz, Macht der Maschinen, Verlust von Arbeitsplätzen, Firmenzusammenbrüche, Arbeitsauslagerungen, Datenüberwachungen, eigenständig fahrende Autos, Bahnen, fliegende Drohnen – auch als Lastenträger –,

Erweiterung der Weltraumflüge, Menschen leben auf erd-nahen Planeten u.a.m.).

Weltweite Digitalisierung wird auch Manipulationen, Hacker, Datenunsicherheit, Werksspionage u.ä. produzieren. Damit wird das Überwachungsgut erhöhte Datensicherheit speichern oder abrufen und letztlich Menschen in eine gläserne Überwachung versetzen.

Gut zu wissen, dass wir nicht alles voraussagen können und möge den Robotern niemals die menschliche Macht und Gier eingehaucht werden oder sich selbständig entwickeln.

Die bisherigen „Industrialisierungen" haben ein wertvolles Gut für uns Erdbewohner negativ verändert, das **Klima**. Und – der Klimawandel schreitet wegen der Erd-erwärmung unaufhaltsam weiter...

Vielleicht schafft die neue „digitale Welt" mit Hilfe der erneuerbaren Energien (siehe 3.9) eine positive Veränderung...

3.12 Bahn – Schiene

Die erste Eisenbahn mit Dampflokomotive fuhr im Winter 1835 von Nürnberg nach Fürth. Vorläufer waren Schienenfahrzeuge im Bergbau.

Bis zur Reichsgründung 1871 entstanden in den Folgejahren zwölf Staatsbahnen (Preußische-, Badische-, Königlich-Bayerische-Staatsbahnen u.a.). Diese Zeit dauer-te bis 1920. Seit dem 01. April 1920entstand die Deutsche

Reichsbahn über einen Staatsvertrag. Nach 1945 gab es einige Übergangsregelungen bis 1949. Nach Gründung der Bundesrepublik Deutschland (07.09.1949) wurde die Deutsche Reichsbahn in diesem Teil Deutschlands (Westen) in Deutsche Bundesbahn umbenannt. Im Osten (DDR) blieb der Name erhalten. Erst einige Jahre nach der Wiedervereinigung, am 01.01.1994, wurden beide Staatsbahnen in ein privatwirtschaftliches Unternehmen umgewandelt, in die Deutsche Bahn AG.

Neben verschiedener Gründe waren es vor allem die von beiden Staatsbahnen eingefahrenen Milliardenverluste, die zur Überführung in die Privatwirtschaft führte, zum Teil mit Erfolg…

Mit der **Elektrifizierung** der Bahn wurde diese zum **idealen umweltfreundlichen Transportunternehmen** für den riesigen Umschlag des Güterverkehrs. Doch die **Entwicklung** schlug ins **Gegenteil** um. Statt die Bahn zu nutzen, fand der **Güterverkehr bis heute zunehmend** auf der **Straße** statt. Erhöhte **Treibhausgase, Stickoxide, Lärm, Staub** u.a. **belasten** die **Umwelt** und die **Bahn** macht im **Güterverkehr Verluste**…

Leider haben unsere **Politiker** die klimafreundliche Lenkung zur Schiene jahrzehntelang verschlafen.

Hinzu kommt, dass die Transportmenge der Güter sich in den letzten zwei Jahrzehnten verdoppelt hat. So werden z.Zt. auf der Straße 73,1%, der Schiene 17,6% und über die Binnenschifffahrt 9,6% Güter transportiert.

Diese **jahrzehntelange Verlagerung** von der **Schiene** auf die **Straße** hat **schlimme Folgen** für unser **Klima** und die **Lebensqualität der Menschen.**

Die ständige Umweltverschmutzung u.a. über Auspuffgase, die oft gigantischen „Laster" auf den Straßen, belasten uns sehr und lassen uns umso mehr aufschrecken, wenn wir von Gigalinern (25,25 m lang, 60 t schwer) hören, die bereits in einigen Ländern fahren. Es ist wirtschaftliches gieren um noch mehr Güter mit nur einem Transport zu bewältigen...

Diese **Umweltgefahren** könnten um ein **Vielfaches verringert** werden, wenn die **Politik eine Wende** in der **Steuerung des Güterverkehrs**einläuten würde, um damit hohe Anteile von der Straße auf die Schiene zu verlagern...

Der **Personenverkehr** der Bahn wird von drei Geschäftsbereichen gesteuert: 1. Fernverkehr,2. Regio und 3. Arriva.Die im Güterverkehr verlustreiche Entwicklung setzt sich glücklicherweise nicht im Personenverkehr der Bahn fort. Allein im Fernverkehr mit dem schnellen und komfortablen ICE fahren Jahr für Jahr hunderte Millionen Menschen sicher zu ihren Zielorten. Streiks und katastrophale Wetterlagen stören leider hin und wieder die Regelmäßigkeit. Ansonsten ist der doch klimafreundliche Personenverkehr der Bahn eine willkommene bequeme Abwechslung zum umweltfeindlichen und staureichen Autoverkehr...

3.13 Auto – Straße

Seit Anfang des 19. Jahrhunderts gab es die erste Entwicklung auf dem Wege zum Automobil. Ein wichtiger Schritt für die Zukunft war der Verbrennungsmotor (Gas) von Otto um 1876. Als Geburtsstunde des heutigen modernen Autos gelten aber das Motordreirad (1886) von Carl Benz und die Motorkutsche (1886) von Daimler/Maybach basierend auf dem Benzinmotor. Hinzu kommt noch die Entwicklung des Dieselmotors um 1897 von R. Diesel.

Es war ein weiter Weg bis zu den modernen Fahrzeugen auf unseren heutigen Straßen…

Nun sehen wir das Auto als etwas an, was fast zu uns gehört, weil es eine höhere Beweglichkeit verschafft. Wir kaufen damit ein, transportieren, fahren in Urlaub, besuchen Freunde, Bekannte, Veranstaltungen, fahren zur Arbeit und behandeln es oft wie ein großes Spielzeug. Für nicht wenige Menschen ist das Auto aber auch ein „Aushängeschild", ein „Statussymbol"…

Doch diese Mobilität sorgt dafür, dass der Verkehr auf unseren Straßen stetig wächst, d.h. die Anzahl der Fahrzeuge erhöhen sich und damit auch die jährlich zurückgelegten Gesamtkilometer. Hinzu kommt, dass die von der Autoindustrie hergestellten Fahrzeuge erheblich leistungsstärker, aber auch gefährlich für unsere Umwelt geworden sind. Auf **Deutschlands Straßen** werden insgesamt um **100 Millionen Tonnen CO_2 (!)** aus den **Auspuffrohren der Autos in die Luft geschleudert**…

An Klimaschutz denkt kaum jemand, wenn er/sie hinter dem Steuer sitzt. Und diejenigen, die in einem der wenigen Elektroautos fahren brauchen es nicht, denn sie tun schon heute etwas für den Schutz unseres Klimas.

Die Belastungen der fast 50 Millionen auf Deutschlands Straßen fahrenden Autos sind riesengroß (s.o.). Das **flächenraubende Straßennetz** entzieht der Tier- und Pflanzenwelt den Lebensraum. Bereits die **Autoindustrie** verursacht CO_2-Emissionen bei der Produktion. Die vielen Millionen **fahrenden Autos** produzieren selbst zu viele Millionen Tonnen **CO_2**.

In den **Städten** nimmt der **Feinstaub gesundheitsgefährdend** ständig zu, nicht zuletzt durch Reifen- und Bremsenabrieb und das **Unfallrisiko** des Autofahrers bleibt nach wie vor bestehen. Tausende Tote und zigtausende Verletzte jährlich sind (alle) zu viel. Auch der **Verkehrslärm** für Bewohner an „belebten" Straßen ist erheblich. Die **giftigen Abgase** der Autos enthalten **Ruß** mit **Toxinen, Feinstaub, Schwefeldioxid, Kohlendioxid, Kohlenmonoxid, Stickoxide** mit **Bildung** von **Ozon**. Die **gesundheitsgefährdeten Gifte schädigen Mensch und Umwelt**, sie beschleunigen den **Klimawandel**...

Wenn man bei solchen Gefahren erfährt, dass in der Autoindustrie eine **Betrugs-Software** für Emissionstests eingesetzt wurde (damit niedrigere Werte anstelle der höheren angezeigt werden), um letztlich zu manipulieren, ist dies für alle Beteiligten **mehr als peinlich** und der Schaden unübersehbar.

Auch hier hat letztlich eine besondere Art der Gier zur Anwendung der Betrugs-Software geführt.

Der bessere Weg, auch vom wirtschaftlichen wie umweltfreundlichen Endergebnis ist die
- **Massenanfertigung** von **Elektroautos**.

In **China** hat dieser Produktionsprozess längst begonnen. Es wird Zeit, dass auch die deutschen Autobauer dies begreifen und verstärkt beginnen…

3.14 Flugzeug – Luft

Ende des 19. Jahrhunderts begannen Versuche mit der Umsetzung der Fliegerei (Vogel frei) von früheren Zeichnungen des berühmten Leonardo da Vinci aus dem 15./16. Jahrhundert. So versuchte der Schneider von Ulm zu fliegen, Otto Lilienthal dann professioneller und die als Erfinder geltenden Brüder **Wright**. Ihr erster gelungener Flug fand **1903** statt. Seit dieser Zeit sind gut 110 Jahre ins Land gegangen und der Luftverkehr boomt weltweit…

Aus **Propellerflugzeugen** haben sich vor vielen Jahren „Düsen-Jets" entwickelt und die **Passagierzahlen pro Flug** zählen seit Jahren **weit mehr als 100 Gäste**. So starten und landen pro Jahr rund **200 Millionen Flugpassagiere** auf **deutschen Flughäfen**.

Doch mit dem wachsenden Flugverkehr erhöhen sich auch die erheblichen **CO_2-Emissionen**. So hat sich der

Flugverkehr in den letzten 20 Jahren mehr als verdoppelt, sodass die Folgen für unsere Gesundheit und unser Umfeld erheblich sind; selbst der erreichte Klimaschutzerfolg wird infrage gestellt...

Klar, der Flugverkehr ist schnell und bequem geworden. In wenigen **Stunden** erreicht man Urlaubs- oder Geschäftsorte, wofür unsere Mütter und Väter noch mehrere **Tage**, ja **Wochen** gebraucht hätten.

Aber unsere Väter und Mütter haben bei ihren Reisen keine Klimaschäden verursacht, leider der heutige Flugverkehr mit der Verbrennung von Kerosin belastend stark.

Die **klimaschädlichen Abgase** bestehen u.a. aus **Wasserdampf-Kohlendioxid-Stickoxiden.** Durch den **erheblich langsameren Abbau dieser Abgase** in etlichen **Höhenkilometern** als beispielsweise am Boden ist dies **umso höher klimaschädlich.** Insgesamt haben die Treibhauswirkungen der Flugzeuge (u.a. Schleierwolken, Kondensstreifen) **und** ihre CO_2-Auswürfe eine **verheerende Klimaauswirkung,** die belastende Erwärmung...

Und – Billigflieger helfen fleißig mit, diesen verstärkten Klimawandel zu erhöhen.

Vermutlich könnte eine längst fällige **Mineralölsteuer** (Kerosinsteuer)für den **Flugverkehr** eine **Abwanderung** vom Flugzeug **zur umweltfreundlichen Bahn** bewirken. Ohnehin bietet sich die Schiene mit den modernen ICE-Zügen für Urlaubs- und Geschäftsreisen innerhalb Deutschlands sowie ins benachbarte Ausland an...

Vor einigen Jahren hatte ich ein **Erlebnis** im **ICE** auf der Fahrt von **Berlin nach Dortmund**. Auf der Teilstrecke Hannover – Hamm machte der ICE plötzlich auf freier Strecke halt. Es dauerte fünf Minuten plus fünf Minuten…; nach 15 Minuten hörten wir die Stimme des Zugführers aus dem Lausprecher. Er teilte uns mit, dass ein Triebwerk ausgefallen sei und bald Ersatz kommen würde…

Nun begann die muntere Unterhaltung der Fahrgäste und einer aus unserem Abteil sagte wohl zur Beruhigung: „…gut, dass wir bei dem Ausfall nicht im Flugzeug saßen." Während alle aufatmend „ja, ja" sagten, ergänzte er: „Eigentlich hätte der **Zugführer für seine Bahn werben können**. Der hätte sagen müssen: Meine Damen und Herren, ich habe eine schlechte Nachricht und eine gute. Die schlechte ist, dass ein Triebwerk ausgefallen ist und die gute Nachricht, wir haben festen Boden unter den Füßen…"

Unser herzhaftes Lachen hörte man auch in den Nachbarabteilen und mein Abteilnachbar musste seine Anspielung auf ein Flugzeug noch mehrmals wiederholen…

3.15 Schiffsverkehr – Wasser

Wasserfahrzeuge sind eng mit der Geschichte der Menschheit verbunden. Gewässer waren oft Hindernisse und mussten mit schwimmfähigen Holzstämmen (Flöße u.a.) überquert werden. Früh wurde erkannt, dass man mit „schwimmenden Wasserfahrzeugen" Güter tauschen, Fische fangen und Manches später mit Booten oder Schiffen entdecken konnte. Heute hat die **Schifffahrt** an Bedeutung gewonnen, ob See- oder Binnenverkehr; sie werden als **Transportwege** genutzt...

Meere und Flüsse dienen darüber hinaus dem **Fischfang**, der Erholung (Baden, große Kreuzfahrten) aber auch der Gewinnung von **Rohstoffen** (Erdöl/Erdgas) und **Energien** (Windparkanlagen). Längst nutzt auch das Militär die Weltmeere (u.a. Flottenverbände)...

Doch die industriell gebauten Schiffe werden immer größer und die Anzahl wie Verkehrsdichte auf bestimmten See- oder Meeresrouten nehmen stetig zu. Inzwischen wissen wir, dass der **Schiffsverkehr** die **Weltmeere "gewaltig"** belastet, unsägliche Gefahren produziert. Schon bei dem normalen Schiffsverkehr werden **Schwefeldioxid**, **Abfälle**, **Abwässer** und **Ölrückstände** erzeugt. Die Rückstände von **Schweröl** sind **schlammartig**, bleiben im Meer und **bewirken starke Gefiederverschmutzungen** unserer Seevögel...

Die bisher über "Treibhausgase/Klimawandel" aufgezeigten Gefahren gelten auch **sinngemäß für die Schifffahrt**. Doch die **Gewässerverschmutzung** der Seen und Meere hat kontinuierlich **zugenommen**, vor allem **Plastikmüll**, **Ölschmutz, radioaktive** wie **chemische Belastungen** und **ungeklärte Abwasser**.

Aber auch **Erdöl- und Erdgasgewinnung** mit Hilfe von **Bohrinseln** sowie die gewaltigen Windparkanlagen tragen zur erheblichen Verschmutzung unserer Meere bei.

Tragisch ist, dass auch auf dem Lande, also in Landwirtschaft (u.a. Sprühgifte) oder Industriegebieten entsorgte Substanzen in abgeleitete Abwässer gelangen und zusätzlich **über Flüsse die Meere verschmutzen**. Auf dem Meer selbst **„übernimmt"** die **Schifffahrt die Verschmutzung**, vor allem die riesigen **Kreuzfahrtschiffe**. Auf der einen Seite die **vergnüglichen** und **erholungssuchenden Touristen**, auf der anderen Seite **Schmutzabwässer, feste Abfallstoffe, Klärschlamm, öliges Leckwasser** und giftige **Abgase** der Motoren, als **seien hunderttausende Autos auf dem Meer** sowie die Giftstoffe der Müllverbrennungsanlagen. Deutlicher gesagt: **Kreuzfahrtschiffe sind kleinere Städte** bis 10.000 Einwohner, die **ihre Abfälle** ins **Meer** direkt/indirekt **entsorgen**.

Offensichtlich ein **unsauberes Vergnügen**, das sich **dramatisch** auf **Korallen** und die **Gesundheit** der **Fischwelt** oder **sonstiger Lebensformen** im **Meer** auswirkt.

Die Unternehmer wissen um diesen **„Preis"**, Touristen oft nicht!

Hinzu kommt, dass die Unternehmer des Kreuzfahrttourismus zwar gute Gewinne erzielen, aber Häfen und Händler in Entwicklungsländern nur selten als Zielort profitieren. Und es kommt noch schlimmer (raffgieriger?), denn **Kreuzfahrtunternehmen kaufen** oder **bauen** in den **Zielorten** der Entwicklungsländer (Hafenausbau) selbst, sodass die einheimische Wirtschaft nur geringen oder keinen Nutzen hat, Händler oft höhere Standmieten zahlen, eine „Seifenblase"…

Schade nur, dass die mit Schweröl angetriebenen Kreuz-fahrtschiffe, die sogenannten „Luxusliner" nichts, aber auch gar nichts gemeinsam mit der **sauberen** „Seifenblase" haben...

3.16 Post – Zusteller

Der Briefverkehr im Mittelalter wurde in unseren Berei-chen über eine Art Botenwesen, z.b. Klöster untereinander praktiziert.

In anderen Ländern (Ägypten, Persien, Rom) gab es schon viele Jahrhunderte früher ein organisiertes Postwesen. Das Postwesen bei uns begann um 1500 mit der Taxischen Post, später dann als durchorganisierte **Postorganisation Thurn und Taxis,** an der Spitze ihr Generalpostmeister Leonard von Thurn und Taxis (1596)...

Im Laufe mehrerer Jahrhunderte wechselten Namen wie Zuständigkeiten (Länder) in staatlichen Bereichen. Nach 1872 gab es die Reichspost, ab 1950 die Bundespost. Nach der „Staatlichkeit" kam in den Jahren 1989 bis 1995 die Privatisierung als Deutsche Post AG...

Heute arbeitet die **Post** mit **neuen Strukturen** als „**Deut-sche Post DHL-Group**" und ist inzwischen das **größte** „**Logistik- und Postunternehmen der Welt**". Die **Leis-tungen** sind **vielschichtig**, so u.a. Brief-, Paket-, Express- und Frachtgutbeförderungen, Lager- und Lager-transport-Dienstleistungen, Postbusse, Postreisen, Verkäufe von Postwertzeichen, Büromaterial, Versandverpackungen in

Filialen und – **baut eigene elektrische Lieferwagen**, vermutlich bald auch selbstfahrende Fahrzeuge. Vielleicht ist noch erwähnenswert, dass DHL weltweit fast 500.000 Mitarbeiter beschäftigt...

Aber so ganz **zufrieden sind** viele Mitarbeiter – vor allem die **Paketzusteller – nicht.**

Und – auch die Paketempfänger sind mit ihren Paketzustellungen sehr oft unzufrieden, also die Kunden mit ihren Zustellern.

Nachfolgend sind einige Beschwerden aufgezeigt:

- Pakete waren geöffnet oder beschädigt,
- Pakete lagen tagelang in der Filiale,
- Pakete wurden fehlgeleitet,
- Pakete, als zugestellt gemeldet, waren aber nicht zugestellt,
- Pakete waren tagelang Pendelpakete,
- Inhaltsverluste von Paketen,
- Pakete waren tagelang eingelagert, gingen dann zurück an den Versender,
- Zusteller klingeln nicht oder warten das Öffnen nicht ab, dafür werden Abholscheine eingeworfen,
- offensichtliche „Zustellhindernisse" (Zeiträuber) sind: höhere Stockwerke, weitere Wege im Haus, sonstige spürbare Zeitverluste für den Zusteller.

Wenn man genauer hinschaut wird erkennbar, dass die aufgezeigten Tatbestände für Kundenunzufriedenheiten eine **Ursache** haben müssen: **Zeitdruck für Zusteller!**

Wenn man Zusteller beobachtet, bemerkt man, dass sie hastig, kribbelig, gehetzt wirken, sich beeilen, kaum Kurzgespräche führen u.a.m.

Aber **warum**?

Die Ursachen sind gleich mehrere, vereinfacht: zu **geringe Bezahlung** (knapp 2000 Euro brutto) bei **überladenen Paketzustellungen** und zu **geringer Zeitbemessung**. Bei Abschöpfung von Gewinnen werden nun Arbeitnehmer belastet. Von dem Grundsatz einer Leistungs- und Wohlstandsgesellschaft: „Gute Arbeit, guter Lohn" ist hier nichts hängen geblieben; ganz im Gegenteil. Denn nun werden **befristete Beschäftigte** von einem **Subunternehmer** (Tochter DHLDelivery) übernommen, natürlich mit dem Lockruf: „Festvertrag(!)" und dem traurigen Endergebnis eines um rund 10% geringeren Lohnes. Möglich wird dieses „Gewinnspielchen" für den Unternehmer durch einen Wechsel des Tarifvertrages, vom Haustarifvertrag der Post zur Speditions- und Logistikbranche...

Doch was für Lohnspielereien, die letztlich bei 10.000 Mitarbeitern und 100 Euro weniger einen Gewinn von glatt 1 Million Euro bringen und – ggf. mehr...

3.17 Landwirtschaft – Erde

Die Landwirtschaft ist eindeutig der **älteste Produktionsbereich der Menschen**. In **Europa** begannen **vor** mehr als **4000 Jahren** v. Chr. Menschenmit dem Ackerbau, der Haltung von Vieh und dem Anbau von Pflanzen in unterschiedlichen Zeitabläufen. Zuvor lebte der Mensch vom Jagen, Fischen und Ernten wie Wild, Fische, Früchte, Pilze, Wildhonig, Wurzeln u.a.

Unter der königlichen Zentralgewalt der Karolinger im 8./9. Jahrhundert wurde die Feldgraswirtschaft in eine **Dreifelderwirtschaft** umgestellt.

Die **rasante technische Umstellung** in der Landwirtschaft vollzog sich in den letzten Jahrzehnten zweier Generationen. Heute können wir davon ausgehen, dass rund ein Drittel der Landfläche der Erde (knapp 10% der Erdoberfläche) von der **Landwirtschaft** genutzt wird, und zwar über **Pflanzenanbau** (u.a. Acker-, Obst-, Wein-, Gartenanbau, Bioenergie) und **Tierhaltung** (u.a. Rinder, Schweine, Geflügel, Schafe, Fische).

Inzwischen ist aus der ursprünglich bäuerlichen Landwirtschaft eine **industrielle Landwirtschaft** geworden, erkennbar über die großflächigen, maschinenmäßig einfach zu bearbeitenden **Monokulturen**. Hauptgründe liegen im rasanten Wachstum der Erdbevölkerung und im technischen Fortschritt des 20./21. Jahrhunderts.

Aber – diese **industrielle Landwirtschaft** ist abhängig von reichlich **giftig-billigen Brennstoffen** (Maschinen), **verbraucht viel Wasser** und **verschmutzt es, zerstört die**

Erde, in den **Böden** wird der **Stickstoff- und Phosphat-kreislauf** verändert, erzeugt **billige Nahrung** und hat (leider) die **bäuerliche Landwirtschaft** vernichtet.

Doch es gibt glücklicherweise noch hier und da den **Öko-Bauern** und damit ökologisch wertvolle Produkte, vor allem bleibt auf den zwar **kleineren Flächen** der **Humusgehalt** und damit die natürliche Fruchtbarkeit des **Ackerbodens** erhalten…

Ganz **anders** in der **intensiven industriellen Landwirtschaft** mit vielfach höheren Erträgen (die Gewinne schöpft der Handel ab!). Sie werden u.a. erreicht durch spezielles Saatgut, Kunst- (Mineral-)Dünger, Pflanzenschutzmittel (oft giftig), Monokulturen, starke Bewässerung. Während auf der weltweiten Erde etwa 30% der Fläche von der Landwirtschaft genutzt wird, (s.o.) sind es in Deutschland über 50%(!). Von daher wirkt sich die reichliche Einbringung von **Gülle, Pflanzenschutz- und Düngemitteln** äußerst **ungünstig** für die **Umwelt** aus. Sichtbar war jedem das **Sterben** tausender **Bienenvölker**. Der sehr **überhöhte Stickstoff** ergibt **Nitratbelastungen** des **Grundwassers** sowie eine „**Nährstoffüber-versorgung**" von **Flüssen, Seen** und **Meeren** (u.a. angereichert mit Schadstoffen, Schwermetallen sowie Arzneimitteln)…

Treibhausgas-Emissionen der **Landwirtschaft** liegen an **zweiter Stelle** (7,5%) noch **vor industriellen Prozessen** (7,2%). An **erster Stelle** liegen die **mobilen** und **stationären Verbrennungen** zur **Energieerzeugung** (über 80%)…

Für den Abbau der Umweltbelastung des industriellen Landwirtschaftsbetriebes gäbe es eine **einfache Lösung**: 1. Mit Hilfe der technischen Errungenschaften hin zur ökologischen Landwirtschaft und 2. Fläche und Tierhaltung müssen zwingend harmonisieren.

Allerdings würden die Produkte der Landwirtschaft erheblich teurer, sodass sich die Einkommen wie Kosten von Landwirten und Endverbrauchern anpassend regulieren müssen.

Umwelterfolge haben **ihren Preis**. Man darf aber sicher sein, dass ein **guter Landwirt** und **ein vernünftiger Verbraucher** mit der vollen Kenntnis genannter Vergiftungen der Umwelt (die Raffgier bleibt ausgeschaltet) ein klares **„Ja" zur ökologischen Landwirtschaft** sagen würden...

3.18 Textil – Bekleidung

Textilhersteller sind Vorbereiter für die Produktion der Bekleidung und wohl das älteste herstellende Gewerbe. Die Produktion von Textilien begann bereits im Mittelalter,**Flachsanbau** für die Leinen- und **Schafe** für die Wollverarbeitung, also Webereien und Spinnereien.

Vor und nach dem ersten Weltkrieg waren die Textil- (Bekleidungs-)unternehmer deutschlandweit verteilt. Nach dem zweiten Weltkrieg bis in die 60er-Jahre wurde das Ruhrgebiet zu einem hervorgehobenen Standort. Doch danach bis heute ist der Textil-(Bekleidungs-)bereich geschrumpft, Billigkleidung und der ferne Osten sind Trumpf.

Ich erinnere mich, dass ich in den 50er-Jahren einen Wintermantel gekauft habe, für den ich mehrere Jahre gespart hatte. Gezahlt habe ich 140 DM, mein monatlicher Lohn war netto 120 DM. Heute würde jemand, der netto 1.200 Euro monatlich verdient vergleichsweise 1.400Euro zahlen müssen (!). Zeitversetzt wäre ein solcher Preis, selbst halbiert, gar nicht vorstellbar…

Aber die heutigen Billigwaren aus Fernost haben wegen ihres Niedrigpreises ein ganz anderes Problem. Losgelöst, dass in Deutschland rund 500.000 Arbeitsplätze verloren gingen, weil inzwischen 90% unserer Kleidung aus Asien (Bangladesch, China, Indien) stammt, produzieren Textilunternehmen aber nicht nur Kleidung, sondern **verursachen**auch erhebliche **Umweltschäden**. Aus den Fabriken werden die mit Giftstoffen verseuchten Abwässer in Seen, Flüssen oder ins Meer geleitet.

Und auch die **Kleidung** ist vergiftet, so u.a. mit **Giftstoffen** als Weichmacher zum Waschen/Färben, mit Flammschutzmitteln, Antipilzmitteln, Wasser- und Schmutzabweisern, sowie Lösungsmitteln.

China ist zwar der größte Textilproduzent (Bekleidungshersteller), Bangladesch ist aber in den letzten Jahren zum zweitgrößten Produzenten aufgestiegen. Arbeits- wie Sicherheitsbedingungen in fast allen Produktionsstätten sind sehr mangelhaft. Wie schlimm zeigt der Brand 2010 mit zehn Toten und der Unfall 2013, als in Bangladesch eine

Textilfabrik einstürzte und mehr als 1100 Menschen ums Leben kamen. Aber die nähenden **Arbeitskräfte** sind nicht nur solch **tödlichen** wie **giftigen Gefahren** ausgesetzt, sondern sie werden mit einem **Stundenlohn** von rund **25 Cent** mehr als ausgebeutet!

Inzwischen habeneine Reihe europäischer Marken in Bangladesch Abkommen über Arbeitssicherheit (Gebäude, Brandschutz) unterzeichnet.

Bei dem bisher Aufgezeigten macht stutzig, die Billigkleidung wie auch Markenware wird doch von uns gekauft, genutzt und nach kurzer Zeit weggeworfen („Wegwerfgesellschaft"). Oft ist der Unterschied des **Kaufpreises** zwischen „**Billigkleidung**" und „**Markenware**"erheblich. Wenn wir z.B. eine Jeans kaufen möchten, finden wir eine Preisskala von 25 bis 125 Euro. Hierzu hat vor Jahren ein Textilunternehmer aus dem Ruhrgebiet erklärt, dass **gleiche Stoffe**, **leicht verändert**, manchmal auch webtechnisch, mit unterschiedlichen „Marken" ausgezeichnet, diesen „Unterschied" im Preis ausmachen, mehr nicht. So haben Insider vorgerechnet, dass bei einer **90Euro-Jeans** die **Lohnkosten** bei **einem Euroliegen würden** und mehr als die Hälfte des Endpreises der Handel verdienen würde. Dabei **verhindern** oft Raffgier oder **überhöhte Spannen** die **notwendige Anhebung der Lohnkosten**. Selbst wenn sich die Lohnkosten verdoppeln, also von einem Euro auf zwei Euro erhöhen, würde der Preis der vorgenannten Jeans von 90 auf 91 Euro „steigen"!

Vermutlich werden europäische wie amerikanische Absatzmärkte mit weiteren Abkommen die Missstände, ja menschenunwürdigen Arbeiterverhältnisse in den Produktionsstätten verbessern. Jedenfalls bahnen sich Lösungen an, denn bei **unternehmerischem Leistungs-willen** wären **diese Problememenschenwürdig** und **kostenneutral** (s.o.) zu **lösen**...

4. Erhebliche Geldquellen – Abschöpfung

4.1 Lebensmittel – Läden

Unsere Vorfahren waren Selbstversorger oder verdienten bei harter Arbeit einen kargen Lohn. Lebensmitteleinkäufe waren in Dorf- oder „Tante-Emma"-Läden und auch bei fahrenden Händlern möglich. Fleischersatz für arme Leute war Fisch. Bevor Transportwege den Handel öffneten, versorgte die einheimische Landwirtschaft die Dorfbevölkerung und benachbarten Kleinstädte…

„Tante-Emma"-Läden sind aus der „Lebensmittellandschaft" von großen Supermärkten **vertrieben** worden. Hin und wieder gibt es in der Nachbarschaft den Bauern- oder Hofladen.

Heute teilen sich den Lebensmittelverkauf in Deutschland **fünf Handelsketten** mit einem Jahresumsatz von rund 200 Milliarden Euro sowie einem Marktanteil von 90%. Es sind die Unternehmen:

- **Edeka-Gruppe** (Jahresumsatz über gut 50 Milliarden Euro und Fusionen u.a. mit Netto, Plus, Teile von Kaisers-Tengelmann)
- **Rewe-Gruppe** (Jahresumsatz fast 40 Milliarden Euro und Fusionen u.a. mit Penny, Teile von Kaisers-Tengelmann)
- **Schwarz-Gruppe** (Jahresumsatz 35 Milliarden Euro und Fusionen mit Lidl, Kaufland)
- **Metro-Gruppe** (Jahresumsatz rund 30 Milliarden Euro und Fusionen mit Real, Galeria Kaufhof)

- **Aldi-Gruppe** (Jahresumsatz 30 Milliarden Euro, ohne Fusionen, aber Aldi-Süd und Aldi-Nord)

Dieser gewaltige Umsatz lockt Lieferanten an, bei Abschlüssen für sie nicht ohne Bedingungen, so u.a.: Listungsgebühren (weil sie liefern dürfen), Regalmieten (für verkaufsgünstige Regalplätze), Konditionsänderungen (ggf. Geldverluste), Bedingungen (sonst Androhung der Auslistung als Lieferant, auch zum Vorteil der Verbraucher und Tierhaltung (Käfighaltung)). Ob Un- oder Verständnis, bei diesen Riesenumsätzen ist es ein Glückslos, Lieferant zu werden...

Viele **hunderttausende Dorf- und „Tante-Emma-Läden"** haben die zuvor genannten Umsätze, umgerechnet auf „frühere Zeiten und eigenen Kleinverkauf" unter sich aufgeteilt. Heute sind es fünf (!), die Umsätze gewaltig...

Doch die **Konkurrenzschläft nicht**, denn nun gibt es Lebensmittel auch **online**, allen voran **Amazon**. Der **Zukunftsmarkt** ist inzwischen von den **fünf Handelsketten erkannt worden** und sie mischen mit; von den fünf Gruppen hat z.Zt. **Rewe die Nase vorn.**

Offensichtlich war die Verdrängung der Kleinläden (arm) durch Märkte (reich) leichter als „reich" gegen „reich"...

Beim Kauf von Lebensmitteln bleiben gewisse Restrisiken, ob im Geschäft gekauft oder online bestellt. Vor allem sind es die **Zusatzstoffe** in den **Lebensmitteln**, die in den Geschäften auf der **Verpackung zu klein geschrieben** sind und online nicht wahrgenommen werden. Hierzu gehören

Konservierungs-, Aroma-, Farbstoffe, Verdickungs- und **Geliermittel** sowie vor allem in **Wurstwaren Natriumnitrit** und in den sonstigen **Lebensmittelkonserven Sulfit-** wie **Schwefeldioxidverbindungen.** Hinzu kommen wohl nicht aufzuhaltende **gentechnisch veränderte Lebensmittel.** Aber, Befürworter zeigen genetische Manipulation als natürlich auf und vergleichen sie mit dem Anfang der Menschheit (Theorie von Darwin) vor rund 4 Milliarden Jahren, also als natürliche Bestauslese. Doch der Kunde bleibt skeptisch...

Kein gutes Angebot für den Verbraucher ist das Geschäft mit dem **Wasser** in **Plastikflaschen,** denn es ist selten gesünder als normales Leitungswasser, aber eine unnötige Belastung für die Umwelt (Plastikflaschen).

Erheblich stärkere Umweltbelastungen entstehen bei der Erzeugung (ob industrielle oder landwirtschaftliche) sowie bei den **Transporten** der Lebensmittel (ob auf der Straße, zu Wasser oder in der Luft). Es sind die **Treibhausgase,** die letztlich den Klimawandel weiter vorantreiben und vielleicht einmal die Erzeugung unserer Lebensmittel selbst gefährden...

Eine ganz andere „Gefahr", die im Grunde nur selten eintritt (meist gar nicht) ist das „**Mindesthaltbarkeitsdatum**", denn auch nach Ablauf ist die Ware in aller Regel noch einwandfrei.

Anders verhält es sich mit dem „Verbrauchs- oder Verfalldatum". Hier entstehen oft Keime oder Bakterien, die Gefahr lauert.

Da die überwiegenden Daten die **Mindesthaltbarkeit** aufzeigen, können sie noch einige Tage danach genüsslich verzehrt werden. Leider werden in Deutschland rund 2,5 Millionen Tonnen (!) Lebensmittel unnötig entsorgt (weg in die Tonne). In Dänemark hat Anfang 2016 der **Lebensmittelmarkt** Weford in Kopenhagen eröffnet. Verkauft werden nur Lebensmittel **mit abgelaufenen Mindesthaltbarkeitsdaten**!

Es gibt auch Lobenswertes zu den fünf Handelsketten zu berichten: Sie haben in einigen Fällen ökologisch Druck auf den Erzeugermarkt ausgeübt, u.a. zur Käfighaltung von Tieren, weniger Pflanzenschutzmittel, Grenzen für Antibiotika. Auch hier wird eindeutig der Wunsch der Endverbraucher erkennbar, weiterhin Erzeuger mit ökologischen Vorgaben zu überzeugen, der Umwelt und – dem Kunden zuliebe...

4.2 Pharma – Medizin

Historisch hat den Menschen das Wissen um Heilmittel, Gifte oder Zaubermittel seit uralten Zeiten interessiert (Pharma = griech. pharmakon = Heilmittel, Gift, Zaubermittel). Im Mittelalter hatten die Menschen von der Natur einer Krankheit keine rechte Vorstellung. Man ging von krankheitsauslösenden Stoffen in der Luft oder dem Stand der Gestirne als Verursacher der Krankheit aus. Ein Medizinaledikt aus dem 14. Jahrhundert prägte u.a. die Entwicklung der Pharmazie...

Heute ist diese **Pharmazie** ein **riesiger Wirtschaftszweig,** eine **gigantische Industrie** mit **Milliardenumsätzen.** Patienten, Ärzte, Apotheker, Krankenhäuser, Reha-Zentren, Pharmaunternehmen und Versicherungen sind die Verbindungen untereinander, also Patienten und Versicherer, oft auch der Staat oder andere Nutzer auf der **zahlenden Seite** und Ärzte, Apotheker, Kranken-/Reha-häuser und Pharmaunternehmer auf der **einnehmenden Seite.** Die größten Pharmaunternehmen in Deutschland sind: Bayer AG, Boehringer-Ingelheim, Merck KG, Fresenius,Kabi, Stada, aber auch internationale Unternehmen aus der Schweiz, USA, Frankreich, Israel, Japan, Dänemark u.a. tummeln sich auf dem deutschen Markt.

Im Laufe der Jahre hat der Einfluss der Pharmaunternehmer (positiv wie negativ) auf Forschung, Marketing und Medizin erheblich zugenommen. Im Grunde ist es geschäftstüchtig für jede Industrie, wenn der wirtschaftliche Denkprozess in den Vordergrund rückt. **Problematisch wird es**, wenn die Gesundheit für Medizin und Pharmaindustrie zu einem **reinen Geschäftsmodell** wird, wenn z.B. auf der Ausgabenseite für Marketing das Doppelte ausgegeben wird wie im Vergleich zur Forschung.

Man darf auch nicht vergessen, dass der „Gesundheitsmarkt" ein **absoluter Wachstumsmarkt** ist und damit **Begehrlichkeiten weckt.** Und wenn man näher hinschaut, sieht man, **längst haben kapitalkräftige Unternehmen** Krankenhäuser, Reha-Zentren, Seniorenheime (Residenzen), Sanitätshäuser, Pflegestationen u.a. als **Träger** übernommen und – reines **Profitdenken** ist hier vorprogrammiert. Und auch Pharmaunternehmen (siehe nächsten Abschnitt) werden als wirtschaftlicher Wachstumsmarkt begehrlich, auch für ausländische Kapitalträger. So hat der israelische Pharmakonzern Teva z.B. Ratiopharm, die französische Sanfi Hoechst übernommen. Der japanische Konzern Takada hat schon vor zehn Jahren (2006) Atlanta von der Quandt-Dynastie (S. Klatten) gekauft.

Doch die bisher größte Übernahme durch einen deutschen Konzern erreichte Bayer. Der Pharma- und Agrarchemiekonzern kaufte für 59 Milliarden Euro (66 Milliarden Dollar) den US-Konzern Monsanto. Monsan-to machte in Deutschland Negativschlagzeilen mit dem fragwürdigen Unkrautvernichtungsmittel **Glyphosat** sowie **gentechnisch verändertem Saatgut**. Falls Kartellämter nicht stoppen, ist der Megadeal perfekt. In der Sache nicht ganz so perfekt, wie kritische Stimmen meinen: „Erst wird Gift gespritzt, Menschen erkranken, dann werden Pillen gedreht, um sie wieder gesund zu machen…".

Vielleicht ist es aber nur ein **„Fusions-Bazillus"**, denn „groß – größer – am größten" ist weltweit sehr ansteckend…

Werbung in Zeitschriften, für u.a. Medikamente, in Wartezimmern für zusätzliche Gesundheitsleistungen, die der Patient selber bezahlen muss, z.B. Augeninnendruckmessung, belasten Patienten. Für den Patienten halten sich bei zusätzlichen Leistungen Nutzen und Schaden die Waage. Es gibt aber auch gute Ergebnisse, so die Akupunktur gegen Migräne sowie die Laserbehandlung von Krampfadern.

Bei Krankenhausbehandlungen weiß man, je mehr Operationen, je besser die Bilanz. Man darf davon ausgehen, dass von ärztlicher Seite das Wohl des Patienten im Vordergrund steht und von Ausnahmen abgesehen, notwendig zum Wohle des Patienten operiert wird. Was von Patienten und Angehörigen bemängelt wird, sind Gespräche, Fürsorge und zeitliche Einschränkungen bei Medizinern, Pflege- und Betreuungspersonal, wenn Menschen schwerwiegend erkranken. Vermutlich sind Personaleinsparungen ursächlich sowie der langjährige psychische Stress, der hier einen Schutzmechanismus aufgebaut hat.

Sorgen machen auch die **multiresistenten Bakterien** in **Krankenhäusern.** Zwangsläufig haben Menschen Angst vor einem Krankenhausaufenthalt.

Bei Einnahme von Medikamenten sorgen sich Patienten um deren Nebenwirkungen auf andere Organe. **Beipackzettel** sind mit ihrem **Kleinschriftbild** zu umfangreich beschriftet und der Einfachhinweis: „Fragen Sie ihren Arzt oder Apotheker" hilft nicht wirklich, schafft kein Vertrauen. Für den Patienten sollen Medikamente heilen, zumindest ursprünglich. Nun stehen sie im Verdacht zusätzlich krank zu machen, so z.B. Opioide als Schmerzmittel. Sie verursachen oft Verstopfung. Die Schmerzen verschwinden zwar, aber ein neues Gesundheitsproblem könnte auftreten. **Apotheker** haben **viel Vertrauen** in der **Bevölkerung.** Umso mehr erschüttert, dass gesetzliche

Krankenkassen jährlich Betrügereien durch Apotheker über gut 15 Millionen Euro aufdecken. Nach Zeitungsmeldungen ermittelt nun die Staatsanwaltschaft gegen Apotheker, weil sie für Medikamente abrechneten, die sie nie verkauft haben. Krankenkassen wurden so über „heiße Luftrezepte" um viele Millionen Euro betrogen.

Unsere **Ärzte** machen einen **aufopfernden Job, sind tausendfache Lebensretter.** Und mancher von ihnen wird trotz fortschrittlicher Schulmedizin manchmal überlegen: „**Warum reicht meine Zeit nicht aus**, bei meinen Patienten Kopf/Körper zu hinterfragen?" Oft können gedanklich Worte helfend heilen und – in der **Prävention** spielen auch **Nährstoffe** eine wesentliche Rolle. Interessant sind die **Worte** eines **erfahrenen, schon älteren Landarztes.** Er empfahl einem **Patienten** mit **schwach-erhöhtem Blutdruck:** „Hören Sie hin und wieder klassische Musik, vielleicht **Mozart.** In Ihrem Fall könnten sich Blutdruck und Herzfrequenz senken..."

Wenn es doch immer so einfach wäre...

4.3 Krankenhäuser – Reha – Pflege

Krankenhäuser

Der historische Beginn der Krankenhäuser ist außerhalb Europas/Deutschlands zu finden (Tempel in Ägypten, Einrichtungen in Indien, Krankenhäuser in Persien). Später, um 1000 n. Chr. waren sie gut weiterentwickelt in den islamisch-arabischen Großstädten. In Europa übernahmen

Krankenstuben/-stationen in Klöstern die Hilfe für Kranke. Das **erste modernere Krankenhaus** in **Deutschland** war die **Charité** Anfang des 18. Jahrhunderts, angedacht, um Pestkranken zu helfen. In den beiden Folgejahrhunderten, im Zeitalter der Industrialisierung entstanden moderne Krankenhäuser, die kranken Menschen medizinische Versorgung und Pflege anboten. **Krankenhausträger** waren **öffentlich** (z.B. Gemeinden) und **freigemeinnützig** (z.B. Wohlfahrtsverbände). **Seit 1991** begann der **Siegeszug** der **privaten Krankenhausträger**…

Wir wissen, wie „segensreich" moderne auf medizinisch neuestem Stand eingerichtete Krankenhäuser für uns Menschen sind. Und – die **privaten Krankenhausträger** waren hier die **„Vorreiter"**, denn sie konnten die finanziellen Engpässe der öffentlichen und freigemein-nützigen Krankenhausträger mit ihren ins „Alter" gekommenen Krankenhäusern beseitigen. Sie übernahmen Marktanteile und wurden die **dritte Säule** der Träger…

Aber: Geld will Geld verdienen!

So gibt es die „Chef-Aussage" eines **privaten Krankenhausträgers**, dass eine Klinik **nach fünf bis sechs Jahren 12% bis 15% Rendite erwirtschaften** muss. Dabei denkt man betriebswirtschaftlich: eigene Kapitalstärke, günstige Einkäufe, Digitalisierung, Abteilungskonkurrenz im Haus und keine politische Einflussnahme.

Die **vier großen privaten Krankenhausträger in Deutschland** (2013) sind **Fresenius – Helios** mit 111 Kliniken (31.000 Betten) und einem Jahresumsatz von 5

Milliarden Euro, **Asklepios** mit 109 Kliniken (26.000 Betten), Jahresumsatz 2,9 Milliarden Euro, **Sana** mit 51 Kliniken (10.500 Betten), Jahresumsatz 2 Milliarden Euro und **Rhön** mit 10 Kliniken (5.300 Betten), Jahresumsatz 1 Milliarde Euro. Zusammen beschäftigen sie rund 160.000 Mitarbeiter.

Wo liegt die Entwicklung der Kapitalstärke privater Krankenhausträger? Vielleicht **zeigt** der **Fresenius Konzern** mit seiner **Leistungsstärke** dies **vergleichsweiseauf.** Er kletterte über Medizinprodukte (!) hoch (u.a.Weltmarktführer bei Dialyse-Geräten). Sein **Jahresumsatz: 20,5 Milliarden** Euro (davon als **Krankenhausträger 5 Milliarden Euro**). Hier wurde also **über industrielle Medizinprodukte** eine „**Kapitaldecke"** **angehäuft,** die es ermöglichte, bis zum Jahr 2013 zum größten Krankenhausträger aufzusteigen und – ein zweites Standbein aufzubauen. Hinzu kommt, dass Krankenhausträger hilfreiche Einkäufer von Medizinprodukten sind...

Nach letzten Informationen des europäischen Krankenhausmarktes übernimmt Fresenius den spanischen Kleinkonzern Querónsalud mit 43 Kliniken und 35.000 Mitarbeitern, vorausgesetzt, dass Wettbewerbsbehörden zustimmen. Damit wird Fresenius (Tochter Helios) der größte private Krankenhausträger in Europa.

Solange die Rendite stimmt, werden die Marktanteile der privaten Krankenhausträger weiter zunehmen. Von 1991 bis 2013 stieg der private Anteil der Einrichtungen (Krankenhäuser) von 15% auf 35%! Dieser **zunehmende**

Marktanteil des Kapitals ängstigt die Bevölkerung. Bereits jetzt sagt schon der Volksmund: „Früher waren die Krankenhäuser für uns da, jetzt sind wir für die Krankenhäuser da." Und es wird begründet: „Wenn alles in privater Hand wäre, wird nur noch gemacht was wirtschaftlich ist."

Um dies zu verhindern **wäre** es **klug**, wenn **öffentliche**(Gemeinden u.a.) oder **freigemeinnützige** (Wohlfahrtsverbände) **Krankenhausträger Netzwerke** aufbauen und damit kostengünstigere **Krankenhausverbünde** entstehen würden.

Ohnehin könnte der **demographische Wandel** die **Rendite** der **privaten Krankenhausträger absenken**. Vermutlich wären Armenkrankenhäuser für die arbeitende Bevölkerung und private Krankenhäuser für erheblich Bessergestellte das traurige Ergebnis. Von daher können **soziale Krankenhausverbünde hier und für die Zukunft schützen**.

Nachdenklich macht, dass resistente Krankenhauskeime (MRSA u.a.) in privaten Krankenhäusern genauso zu finden sind wie bei den übrigen Trägern. Ein **besonderer Kapitaleinsatz hätte hier helfen können**. Patientenschutz wäre: Isolierstation bei Einweisung, falls keimfrei kann der Patient zur vorgesehenen Krankenhausabteilung (Niederlande ist hier Vorbild). Im Gegensatz zu nicht so denkendem Gewinnstreben hätten solche vorsorglichen Maßnahmen die **Rendite gestärkt** (!) und verängstigte Patienten beruhigt...

Reha-Einrichtungen

Reha ist die Abkürzung für **Rehabilitation** und erst seit der zweiten Hälfte des 20. Jahrhunderts wird dieses Wort für die Sozialleistung zur Wiederherstellung der gesundheitlichen Behinderung gebraucht.

Die ursprüngliche Bedeutung des Wortes Rehabilitation und auch weiterhin heißt: 1. (allgemein)Wiederherstellung des Ansehens einer Person und 2. (rechtlich) Wiedereinsetzung in frühere Rechte (Ehre).

Erst 3. ist (medizinisch) die o.g. Sozialleistung Reha (SGB IX) gemeint. Es war sicherlich keine gute Lösung, dem Wort „Rehabilitation" noch eine dritte Bedeutung einzuhauchen; . unmissverständlicher wäre „Anschlussheilbehandlung" gewesen. Aber die jetzige Abkürzung „Reha" reicht und kann ohnehin für andere Begriffe nicht verwendet werden.

Auch hier hat das **Kapital** auf **Reha-Einrichtungen** längst **zugegriffen** oder neue gebaut. **Offensichtlich stimmt** hier die **Rendite**. Bereits im Jahr 2013 betrug der Anteil der privaten Reha-Einrichtungen rund **42%** (!) mit **steigender Tendenz**. Bei einem **Pflegesatz** von z.B. **157,25 Euro pro Tag** (2015) betragen **die monatlichen Kosten rund 4.874,75 Euro**, also die **Einnahme für einen Patienten** (31 Tage). Es lohnt sich also, privat zu investieren. Das haben auch **private Krankenhausträger** gedacht und **nun auch im Reha-BereichEinrichtungen übernommen** oder neu gebaut. Die Leistungen (Kosten) werden bei genehmigter Reha von der jeweils zuständigen Renten-, Kranken- oder Unfallversicherung übernommen.

Der Erfolg einer Reha-Maßnahme ist oft sehr unterschiedlich zu beurteilen, mal mit Erfolg verbunden, mal ohne und manchmal nicht erforderlich. Bei einem so **hohen Finanzeinsatz** müssten die Leistungsträger (Krankenkassen) **stärkere Kontrollen** zeigen...

Pflege-Einrichtungen

Man unterscheidet die **häusliche Pflege** (ambulant) und die **Pflege in Heimen** (stationär). Die zu Pflegenden sind in **fünf** Stufen eingeteilt, je nach Grad der Behinderung (01.01.2017). Bei den **Pflegekräften** helfen Pflegefach- und Pflegehilfspersonal, die – **nach öffentlicher Meinung– nicht** immer **leistungsgerecht bezahlt** werden, obwohl die von den Diensten erstellten Rechnungen es ermöglichen würden...

Auch hier hat das Kapital im erheblichen Maß Marktanteile übernommen. Bereits **zwei Drittel** aller Dienste sind in **privater Hand**, nur noch ein Drittel leisten freigemeinnützige Dienste (Wohlfahrtsverbände), nur wenige Pflegedienste sind öffentlich (Gemeinden). **Pflegeeinrichtungen**, ob stationär oder ambulant, sind ein **wertvoller Bestandteil unseres Sozialstaates**. Von daher wäre es sinnvoll, wenn zumindest die **beiden großen Kirchen** über ihre Wohlfahrtsverbände mit ihren leistungsfähigen Pflegediensten den Marktanteil stabilisieren und nicht noch mehr den privaten, erheblich gewinnorientierten Unternehmensverbünden überlassen würden. Selbstverständlich gilt dies auch für die übrigen freigemeinnützigen Verbände/Einrichtungen...

Zusammenfassend ist zu

Krankenhäuser – Reha – Pflege

festzuhalten, dass in den letzten 20 Jahren der Marktanteil im Krankenhaus-, Reha- und Pflegebereich sehr auffällig zu einem hohen Anteil kapitalorientierten Konzernen überlassen worden ist. Sie erwirtschaften eine Rendite von 12% bis 15%. Irgendwie ein lohnender Anreiz für unsere Wohlfahrtsverbände, auch wenn sie nur die Hälfte an Rendite (6% bis 8%) erwirtschaften, denn ein Anteil „Sozial" sollte für Krankenhaus-, Reha- und Pflegebedürftige erhalten bleiben und – eine **bessere Bezahlung für die umsorgenden Arbeitsleistungen des Kranken- und Pflegepersonals** erfolgen...

4.4 Lotto – Lotterie

„Lotto" oder „Lotterie" sind Glücksspiele, sprachlich vorgegeben, italienisch „Lotto", französisch „lot", also Los, Glücksspiel oder Schicksal.

Und in der Tat, mancher Gewinner der zuvor angekreuzten oder vorgegebenen Zahlen wird glücklich mit einem Gewinn, aber viele andere Spieler erleben wiederholend das Schicksal: „Wieder nichts...".Doch es gibt auch Gewinner, die nach kurzer Zeit feststellen: „Wie gewonnen, so zerronnen." Die pure Gewinnsucht war ursprünglich (in Deutschland im 17. Jahrhundert) **nicht** angedacht, aber bereits im 15. Jahrhundert von den Genuesen und der Obrigkeit als kollektive Einnahmequelle erkannt, wurde es auch in Deutschland ein staatliches Monopol...Heute ist das bekannteste Lottosystem in der Bundesrepublik Deutschland „6 aus 49 plus 1 aus 10". Darüber hinaus haben wir die Klassenlotterien, Fernsehlotterie, Aktion Mensch-Lotterie, Glücksspirale und einige mehr, auch nichtstaatliche Anbieter, sogenannte Vermittler. Ob „staatlich" oder „nicht staatlich", Lotto/Lotterie bleiben **Glücksspiele**, die Gewinne, Verluste, Leid und Sucht bringen können.

Losgelöst von der Höhe des Gewinnes, angestrebter Millionengewinner zu werden, erfüllt sich nur selten. Im Gegenteil, der reichlich überwiegende Teil der Spieler macht keinen Gewinn sondern regelmäßig Verluste. Vielfach werden diese Spieleinsätze vom geringen Einkommen bezahlt. Und oft nerven die ständigen „Umsonstausgaben", spätestens beim Lesen der eigenen „falschen Zahlen", sie bringen Streit und Kummer. Selbst hohe Gewinne können Leid fördern wie Unstimmigkeiten in der Familie, Eheleute trennen sich, falsche Planungen, Geldverluste durch Freunde, Nachbarn oder sonst fehlerhafter Umgang mit hohen Gewinnen. So werden **aus Gewinnern traurige Verlierer**.

Ich weiß nicht, wie häufig aus „mal eben Lotto spielen" Sucht werden kann. Die Gefahr ist jedenfalls vorhanden und – die zur Gier auch. Doch **Gewinner** bleiben Lotto-/Lotterieanbieter, **glücklicherweise auch die mit den wohltuenden Taten**...

4.5 Fernsehen

Das Massenmedium „Fernsehen" hat sich erst in den letzten 80 Jahren entwickelt. Heutige **Programmanbieter** sind **öffentlich-rechtliche** Rundfunkanstalten, **private** Fernsehsender und sogenannte **Bezahl**fernsehsender. **Öffentlich-rechtliche** Rundfunkanstalten finanzieren sich über **Beiträge**, **Werbung** und **Lizenzvergaben, private** Fernsehsender über **Werbung** und **Bezahl**fernsehsenderlassen sich ihre verschlüsselten Sender **direkt** (über „Decoder") **bezahlen.**

Doch was ist Fernsehen?

Etwa eine bildende, kulturelle, neutrale Informationsquelle auf dem Bildschirm oder vereinfacht ein „Quotengucken"? Solange **Einschaltquoten** für die Programm-gestaltung bestimmend sind, wird es teilweise so bleiben. Und – die öffentlich-rechtlichen Sender (ARD/ZDF) machen hier fast einvernehmlich mit.

Da jedoch jeder Haushalt in Deutschland jährlich rund 210 Euro zahlt und damit alle Haushalte mit vielen Milliarden Euro die „Öffentlich-Rechtlichen" finanzieren, müsste grundsätzlich die Grundversorgung mit Hörfunk und Fernsehen gesichert sein. Aber wenn diese mit Rundfunkbeiträgen finanzierten Haushaltsmilliarden schon vorab für Personal- und Altersversorgung um 29%, also fast ein Drittel gekürzt werden, sieht es nicht mehr rosig für den Programmaufwand und seine Verbreitung aus...

Vielleicht müsste man sich an den von vielen der zahlenden Haushalte genutzten Grundsatz erinnern: Niemals mehr ausgeben als man einnimmt! Und – Einschaltquoten dürfen nicht mehr bestimmen, Programme zu gestalten. Vielleicht wird aus „weniger" „mehr".

Doch die repräsentierenden Intendanten haben vermutlich lieber: Hauptsache „mehr", ob es ums „Quotengucken" oder Intendantenbezüge geht. Immerhin werden letztere mit jährlich über 300.000 Euro recht gut „vergütet"...

Die bessere dieser beiden Aussagen ist: „Weniger" ist „mehr". Also kein „Quotendenken" mehr bei den Öffentlich-Rechtlichen, aber das Fernsehen als Informationsquelle so gestalten, dass es **neutral** ist und **kulturbildend** wie **unterhaltend** sendet. Dies dürfte mit den abgesicherten Einnahmen der „Bürgerhaushalte" möglich werden. Die Werbeeinnahmen können entfallen, also keine Werbung mehr. Ohnehin muss man bei einer solch hohen und sicheren Einnahmequelle den privaten Sendern die Geldquellen nicht schmälern...

Wenn aber weiterhin öffentlich-rechtliche Sender sich zusätzlich, ja erheblich über Werbefernsehen finanzieren, ihren zahlenden Zuschauern damit ständige Unterbrechungen der Sendezeit zumuten, entsteht eindeutig für „ARD/ZDF" eine Vorbereitungsphase, bald selbst private Fernsehsender zu werden (siehe USA).

Die Beitragsentrichtung für die „Öffentlich-Rechtlichen" verlief nicht immer reibungslos, weil nie Finanzämter damit beauftragt waren (vermutlich wäre es die bessere Lösung).

Bis 31.12.2012 war die
- Gebühreneinzugszentrale(GEZ)zuständig;

vom 01.01.2013 der
- Beitragsservice ARD-ZDF-Deutschlandradio

stets mit Sitz Köln und ursprünglichem Personal. Anstelle der Beitragspflicht von Einzelnutzern wurde vom 01.01.2013 jeder Haushalt pflichtig.

Vielleicht wäre dieser verhältnismäßig hohe Personalaufwand für einen einfachen Beitragseinzug der öffentlich-rechtlichen Fernsehsender vermeidbar gewesen (s.o.) aber auch betrügerische Enthaltungen wie fehlerhafte Beitragsentrichtungen.

So erzählte mir vor Jahren eine Bekannte, dass nach dem Tod ihres Mannes sie ein Beauftragter der GEZ besucht habe. Während der Unterhaltung bat sie ihn, bei dem Beitragseinzug ihren Namen anstelle des Namens ihres verstorbenen Mannes einzugeben, also nur eine **Namensänderung**. Das Formular für die Änderung habe sie unterschrieben. Doch bei dem **nächsten Beitragseinzug wäre doppelt gezahlt worden**, für ihren verstorbenen Mann und für sie. Es dauerte dann einige Monate bis zur einvernehmlichen Regelung...

In einem anderen Fall war ein Rentner aus seiner Stadtwohnung in ein Ferienhaus gezogen, nach einigen Jahren aber von dort in die Wohnung seiner Lebenspartnerin, immer mit ordentlichen Ab- und Anmeldungen. Im Haus seiner Lebenspartnerin zahlte diese den Rundfunkbeitrag. Nach knapp zehn Jahren merkte der Rentner, dass er trotz Abmeldung weiterhin einen Rundfunkbeitrag zahlte, aber – für seine **frühere Stadtwohnung**, die er schon seit 15 Jahren nicht mehr bewohnte...

Vermutlich wären diese tausendfachen Einzugsproblemchen einschließlich des Kostenaufwandes der Kölner Einzugszentrale (Personal- und Sachkosten u.a.) mit den **professionellen Finanzämtern** erheblich geringer ausgefallen...

Aber, was nicht ist, kann vielleicht eine künftige Lösung werden. Vielleicht entfällt das „Quotengucken", sodass die Programmgestaltung kostengünstiger wird, bei gleichzeitiger Anpassung der Personalkosten (weniger, doch besonders leistungsgerecht bezahlt) sowie die notwendige Umstellung der Rentenversorgung. Doch alles ist zukunftsträchtig und nur mit sorgfältiger Gelassenheit zu schaffen...

4.6 Geldwirtschaft

Vereinfacht ist sie eine wirtschaftliche Handlung mit Geld als Zahlungsmittel. „Handlungen" können also Verkäufe, Käufe, Arbeitsleistungen u.a.m. sein.

Vor Beginn der Geldwirtschaft gab es die **Naturalwirtschaft** und den **Tauschhandel**. In **Europa** begann das

Wirtschaften mit Geld über erste **Münzprägungen im 12. Jahrhundert** und nicht mehr Ware gegen Ware, so wie schon weit früher im „Römischen Reich". **Nach 1350** setzte sich die Geldwirtschaft durch, vor allem die **beginnende „Kreditwirtschaft"** über Darlehen.

Aus „**Geldwechslern**" wurden dann im 16. bis 17. Jahrhundert die **öffentlichen Banken.**

Bereits im Jahr 1873 hat der Bankexperte W. Bagehot für „Zentralbanken" Regeln vorgegeben, die z.B. im Krisenfall nur solventen Banken helfen sollen, und zwar gegen Hinterlegung von **besonders guten Sicherheiten**, zu einem hohen Strafzins!!!

Nun darf man nicht vergessen, dass seinerzeit die wirtschaftlich entwickelten Länder gegenüber heute mit verhältnismäßig geringen Geldmengen auskamen…

Wenn wir uns die allgemeine Frage stellen: „Was ist **Geld?**", so könnte die treuherzige Antwort lauten: „Mit Geld kann man **zahlen, sparen** und **rechnen**…".

Und wenn wir uns **heute** fragen: „Kommt z.B. die europäische Wirtschaft auch noch mit geringen Geldmengen aus?", so ist die beängstigende Antwort: „Natürlich nicht, aber es sind so **hohe Summen**, die „Otto Normalverbraucher" ohne Hilfsmittel (Nullen zählen) nicht mehr schreiben kann und – die **Schulden** der überwiegenden Länder sind im Verhältnis schier unermesslich…"

Und wie verhält sich unsere Zentralbank (EZB) als „Hüter des Euro**wertes**"? Anstelle von „besonders guten

Sicherheiten" und hohem Strafzins (s.o.) hilft sie Banken, in dem diese seit 2012 nur 2% Mindestreserve bei der EZB als Sicherheit hinterlegen.

Kürzlich verdeutlichte EZB-Chef Draghi sinngemäß, dass es bei der Nullzinspolitik und dem monatlichen Ankauf der Anleihen im Volumen von 80 Milliarden Euro (2016) bliebe. Damit würde die Kreditvergabe der Banken angekurbelt und die Konjunktur wie Inflation angeschoben...

Doch – diese Wirkung blieb bisher aus.

Der **Niedrigzins** treibt Banken in die Existenznot, ihre Rettungsmaßnahmen der höheren Gebühren für Privatkunden und Strafzinsen für Bankkonten der Unternehmen ist kläglich. Die Anleihekäufe der EZB verhindern die Gesundung, sie soll aber die Finanzen der Banken stabilisieren. Damit wird die EZB der Bankenaufsicht nicht gerecht und sollte sich bald neu finden...

4.7 Bankgeschäfte

In Deutschland sind Banken Kreditinstitute, die als kaufmännisches Unternehmen das Bankgeschäft betreiben.

„Geschichtliche Vorläufer" gab es im 2. Jahrhundert v. Chr. in Mesopotanien, im 13. Jahrhundert nach Chr. in Florenz, aber auch etwas später im islamischen Recht (Hawala-Finanzsystem). Im 14. Jahrhundert nach Chr. waren es in Europa die Bankhäuser (Familie Medici)...

Heute haben wir fast täglich mit Banken zu tun. Sie sind ein wichtiger Stabilisator der Marktwirtschaft, wenn sie denn marktgerecht funktionieren. Das Kerngeschäft tausender Filialen der Privatbanken in Deutschland ist der Zahlungs- und Kreditverkehr, sie können aber auch spezialisiert sein. Ihre Geschäftsbedingungen sind sehr unterschiedlich; so liegen die Kontogebühren zwischen 0 bis über 100 Euro, die Habenzinsen zwischen 1% bis 0% und Dispozinsen zwischen 5,99% bis 12,59%. Die Marktwirtschaft braucht leistungsfähige, charakterfeste private Banken. Leider hat die Bankenkrise 2008 wankende Banken erlebt. Sie konnten sich nicht mit Eigenkapital selbst sanierend aus dem Sumpf ziehen, nein, sie brauchten viele Milliarden Euro der öffentlichen Hand zur Rettung, also **Steuergelder**. Sicherlich haben Banken Probleme, so wirft das Kerngeschäft nicht mehr genügend Rendite ab. Doch nach der Bankenrettung mit Steuergeldern war es eine **Anstandsaufgabe** für Banker, **sich vom unrechten Weg** zu **lösen** und die häufig gierigen **Fährten falscher Beratungen, Spielereien mit Geld und Zinsen zu verlassen**…

Vor allem sollte die Eigenkapitalquote auf 25% bis 30% gesichert werden. Doch **Banken finanzieren** die **steuerfinanzierten Haushaltslöcher des Staates, halten** den **größten Teil der Staatspapiere**. Von daher wird der **Druck** der „Schuldengroßmeister" **Politik** auf Erhöhung des Eigenkapitals **gering** sein, leider…

So werden weiter Schlagzeilen hellhörig machen wie:
* Banken finanzieren Rüstungsfirmen mit Milliarden,

- Kunden wissen nicht wo ihr Geld hinfließt, z.B. Sparkassen und Volksbanken verkaufen Wertpapiere ihrer Fonds. Wohin fließt das Geld?
- Briefkastenfirmen lassen grüßen.
- Lobbystrategien mit ihren Auswirkungen (u.a. Milliardenkredite – Buchgeldschöpfung) sind oft wichtiger, als Stabilisator der Marktwirtschaft zu sein (besser: wieder zu werden)...
- Verbraucher durchschauen kaum die Gebühren der Banken.

Ein großes Problem für Banken sind die Niedrigzinsen, denn wenn sie Geld bei der Notenbank (EZB) parken, müssen Banken Strafzinsen zahlen. Ein Schelm, der nun glaubt, dass 100 Millionen Konten ein Anreiz für die Einnahmeseite sei. Denn die Einnahmeseitesumme wäre geradezu gigantisch bei Gebührenerhöhungen. Doch weitere Kostenverlagerungen in Richtung Konten wäre kein guter Befreiungsschlag gegen Strafzinsen, oder doch??

Zum Kundenservice der Banken ist festzuhalten, dass Bankangestellte am Schalter bei Ein-, Auszahlungen und sonstigen Bankgeschäften sehr freundlich, ja liebenswert nett sind.

Nicht immer ist es so im Schriftverkehr. Auf die geschriebenen Texte oder Fragen gibt es keine klaren Rückantworten. Antwortschreiben bestehen aus programmierten Texten oder vorprogrammierter Textverarbeitung; nichtssagende, für den Kunden unverständliche Antworten flattern (wie Werbeschreiben) ins Haus und manchmal antworten sie gar nicht.

Ein Wort zur „digitalen Welt" (siehe auch Abschnitt 3.4):Es überrascht, wenn in Kenia (Afrika) zu einem hohen Anteil das Bankkonto digital auf eigene Smartphones geführt wird. Verständlich, dass Banken in Deutschland, wenn auch „hinterherhinkend" nun nachziehen mit mobilem Banking über Apps in Smartphones; aber Hacker warten schon. Möge die Absicherung obsiegen, doch Zweifel stehen im Raum...

4.8 Versicherungen

Eine Versicherung dient zur Deckung eines durch zufällige Ereignisse hervorgerufenen schätzbaren Bedarfs (z.B. durch Schäden). Jeder Bürger kann so u.a. **Haftpflicht-, Lebens-, Unfall-, Rechtschutz-, Hausrat-, Kfz-, Haus-** und/oder **Rentenzusatzversicherungen** abschließen. Die Sozialversicherung ist nur zum Teil mit dem eigentlichen Versicherungszweck vereinbar, sie ist eine gesetzliche Pflichtversicherung (z.B. Renten- und Krankenversicherung).

Die ersten Ansätze des Versicherns gab es bereits im Altertum u.a. in Griechenland, später, im 14. Jahrhundert, die Seeversicherung in Italien und mit Hilfe von Wahrscheinlichkeitsberechnungen entstanden im 18./19. Jahrhundert Versicherungsunternehmen.

Heute sind wir, mit wenigen Ausnahmen, gegen verschiedene zufällige Ereignisse versichert, und es ist beruhigend, wenn z.b. nach einem Autounfall der Schaden reguliert wird.

Natürlich gibt es auch unzufriedene Versicherungsnehmer, die von ihrem „Top-Versicherer" laut **Gütesiegel** keine faire Bedarfsregulierung bekamen, ganz im Gegenteil. Tatsächlich ist auf die Test- und Gütesiegel nach Verbrauchererhebungen nicht immer Verlass, obwohl der Verbraucher die sogenannten „Test- und Gütesiegel" als Kriterium ansieht, dem er vertraut. Damit sind diese Siegel für Versicherungen **eine hilfreiche Geldquelle**, ja Geldmaschine. Doch was ist so ein **Gütesiegel** wert, wenn 20 Versicherer hunderte von Auszeichnungen erhielten; meines Erachtens eine **schwache Aussagekraft**…

Ärger haben die Versicherer mit den **Versicherungsbetrügern**, die oft gierig nach schnellem Geld suchen. Sie fingieren rasch mal einen Versicherungsbetrug.

Skandale und **Skandälchen** haben Versicherer aber auch, so u.a.:

- fehlerhafte Abrechnung von Riesterrenten,
- Anklagen zu Lebensversicherungen,
- Policeaustausch hochverzinster Versicherungen gegen Verträge mit niedriger Verzinsung,
- vergleichsweise so auch bei Gebäudeversicherungen.

Eine Geldquelle für Banken (siehe Abschnitt 4.7) und Versicherungen sind die sogenannten **„Koppelversicherungen"**, d.h. die Abschlüsse von Versicherungen mit Geldprodukten, so z.b. bei einer Kreditvergabe und gleichzeitiger Lebensversicherung für den Bankkunden oder bei einer Immobilienfinanzierung der Bankschließt sie mit dem Bankkunden eine Gebäudeversicherung ab. Aber – manche Makler müssen erkennen, dass ihnen so erhebliche „Geldabschlüsse" von der Bank abgenommen wurden...

4.9 Börse

Im Grunde zeigt die Börse die Bewertung von Kapitalgesellschaften auf, und zwar aufgrund der täglichen Kursentwicklung, gleichzeitig aber auch den Stand der marktwirtschaftlichen Entwicklung. Wir sehen den Börsenstand täglich vor den Abendnachrichten im ersten Programm.

Der Name „Börse" tauchte im niederländischen Umfeld von Kaufleuten auf, und zwar im 16. Jahrhundert in einer Kaufmannsfamilie: van der **Burse**. Die erste internationale Börse fand in Antwerpen statt.

Aus dem niederländischen kommend heißt Börse (beurs) interessanterweise **„Geldbeutel"**; die Börse kann ihn stärken oder schwächen...

Ohne auf einzelne Regelungen der marktmäßigen Zusammenführung von Angebot und Nachfrage weiter einzugehen wissen wir, dass schon mancher Anleger an der Börse viel Geld verloren hat und andere, auch raffinierte Zocker, erhebliche Mengen Euro in ihre „Geldbeutel" hineingezaubert haben.

Vielleicht waren bei den Verlierern fragliche Studien von Analysten ursächlich, also vorsichtig bei vielleicht manipulierten Vorgaben. Ohnehin nimmt dieses Hin- und Herschieben des Geldes ungesunde Formen an, so z.B. wenn ein **Hedgefondsmanager gut 100 Millionen Dollar„verdient"** aber **nie etwas produzierte**. Hier schlägt schon seit geraumer Zeit die Gier zu...

Inzwischen haben **Computerprogramme** an der **Börse** die **Macht übernommen**, sie steuern den Aktienhandel. Um zu verdeutlichen,mit welchem **Tempo** Handelscomputer durch die Leitungen rasen, hier die **Geschwindigkeit**: mit bis zu **200 km** pro **Milli**sekunde. Das **Zeitalter** des **Hochfrequenzhandels** ist angebrochen. Der Trader (Händler) muss lernen, schneller zu spekulieren und – es wird Zeit und Geld kosten, den Müll oder Spam vom echten Handel zu trennen. Gefährlich wird es auch, wenn ein Algorithmus (Rechenart) **außer Kontrolle** gerät und in kurzer Zeit **zig Millionen Euro verzockt** werden. Schon mit diesen wenigen Sätzen erkennt man, der Hochfrequenzhandel hat **nichts** mehr **mit der ursprünglichen Idee** der **Börsen zu tun**, denn die Hochfrequenzhändler kaufen und verkaufen in Millisekunden, um letztlich minimale Kursveränderungen fast raffgierig auszunutzen.

Man sollte wieder lernen Kultur zu entwickeln, um damit einen Abstand zur Gier und zum Geld zu bilden.

Auch hier können Manager, Makler und Angestellte beeinflusst werden, dass regelmäßig gute und doch anständige Geschäfte abgeschlossen werden. **Wenn es nur noch um mehr Geld und Statussymbole geht, wartet auf absehbarer Zeit der tiefe Fall.** Ohnehin warten einige Analysten schon, die Börsenwelt zu manipulieren; hin und wieder sollten wir an den Kurssturz (Crash) vom 06.05.2010 denken...

Auch die geplante Fusion der „Deutschen Börse" mit der London Stock Exchange entfacht breiten Widerstand in Frankfurt am Main. Hier überwiegen zwei Gründe:

1. viele hundert Arbeitsplätze gingen verloren und
2. das deutsche Finanzzentrum könnte künftig von London aus gelenkt werden.

Vielleicht ein Widerstand, der sorgfältig geprüft werden müsste...

4.10 Waffenhandel

Die Rüstungsindustrie stellt einen nicht unerheblichen Teil der deutschen Industrie dar. Es geht um viele Milliarden Euro, der Waffenhandel gehört dazu. In der Vergangenheit bis heute gab und gibt es den legalen wie illegalen Waffenhandel; beide sind oft miteinander (strukturell oft undurchsichtig) verknüpft. In den letzten 60 Jahren hat Deutschland mit steigender Tendenz Waffen verkauft, jeweils von den amtierenden Regierungen genehmigt. Doch 2015 hat die Bundesregierung so viele Rüstungsexporte genehmigt wie seit Jahren nicht mehr, z.B. eine Verdopplung im Vergleich zum Vorjahr. Kritik kommt von kirchlichen Verbänden und Rüstungsgegnern. Die Volkskritik stimmt mit dem Slogan: „Waffen raus, Flüchtlinge rein", ironisch zu...

Nach einer Emnid-Umfrage lehnen 78% der Deutschen Rüstungsexporte ab.

Die Rüstungsindustrie in Deutschland ist in privater Hand (Konzerne oder Familienbesitz) und – sie ist gut im Geschäft, der Profit ist gesichert. Doch bei den weltweiten Unruheherden wird immer wieder die fehlende Kontrolle bei Rüstungsexporten bemängelt. So fehlt die gesicherte Prüfung, inwieweit die Waffen in dem Empfänger-land verbleiben; eine Papiererklärung allein reicht nicht.

Zu den Top-Importeuren aus Deutschland gehören Großbritannien, Israel, Saudi-Arabien, Algerien, China, Indien und Kuwait. So erhält u.a. Saudi-Arabien Panzer und Gewehre, Russland Militärtechnik und nach Kolumbien gelangen auf Umwegen Pistolen. Nach statistischen Hochrechnungen Ende 2015 waren die Weltmarktanteile bei Rüstungsexporten wie folgt: USA = 33%, Russland = 25%, China = 5,9%, Frankreich = 5,6% und Deutschland = 4,7%.

Natürlich werden wirtschaftliche Erfolge der Rüstungsindustrie von der Politik begrüßt, wenn nicht Kriege, Kriegsgefahr, Umwelt und menschliches Leid Bindungsglieder wären (siehe auch Abschnitt Industrialisierung).

Bei Exportgenehmigungen der deutschen Regierung verweist diese auf außen- und sicherheitspolitische Interessen. Aber – es ist wohl wie bei jedem Handel, Teil zu pflegender Beziehungen. Erkennbar wird dies auch ander geringen Ablehnungsquote von 0,4% der Einzel- und Sammelanträge bei Rüstungsexporten...

4.11 Erbschaft

Erbschaft stellt nach deutschem Erbrecht das **gesamte Vermögen des Erblassers**, also der verstorbenen Person dar. Der Erbe oder die Erbengemeinschaft ist damit Gesamtrechtsnachfolger des Erblassers. Die Erbmasse kann auch einen überschuldeten Nachlass beinhalten. In diesem Abschnitt gehen wir von Aktivposten (Aktiva) des Vermögens aus. So werden **jährlich** in **Deutschland** rund **40 Milliarden Euro vererbt** mit **steigender Tendenz** in den Folgejahren. Eine Erbschaftswelle rollt auf Deutschland in geschätzter Höhe von 2 bis 3 Billionen Euro zu...

Erhebungen haben ergeben, dass jede fünfte Erbschaft mehr als 100.000 Euro Vermögen des Erblassers umfasst. Losgelöst von der Höhe des Nachlasses, bei Erbschaft sind Streitigkeiten vorprogrammiert. Bei Geschwistern werden Kindheitserinnerungen wachgerufen (der eine wurde bevorzugt, ein anderer durfte studieren u.a.m.), sodass oft die Erbschaft zu **Erbstreitigkeiten** ausufert. Selbst bei „meinem geliebten Bruder" oder „meiner geliebten Schwester" der vergangenen Jahre werden diese bei Erbschaftsraufereien zu Neidfiguren. Sobald es bei Erbschaft um Geld geht, kommt allzu oft die raffende Gier ins Spiel und – für Pietät bleibt nur noch wenig Platz übrig…

Wenn jemand etwas erbt oder gar erheblich, so wird er finanziell leistungsfähiger, obwohl seine Erbschaft ein leistungsloses Einkommen ist.

Nehmen wir an, dass das ererbte Vermögen in reichlichem Maß seinen gesamten Lebensunterhalt großzügig ein Leben lang begleitet, sodass er ohne unternehmerisches Talent oder Leistungen „andere Begabungen" ausleben kann (Playboy u.a.).

Demgegenüber steht ein Unternehmer, der nie geerbt hat und sein Vermögen seinem unternehmerischen Talent, seinen helfenden Mitarbeitern sowie seinen markwirtschaftlichen Gegebenheiten verdankt; hierzu gehören viele Lenker aufbauender und größerer Betriebe bis hin zu Milliardären. Aber auch dann können bei Erbschaft neue „Playboy-Generationen" heranwachsen. Vermutlich sorgt eine sinnvolle Erbschaftssteuer für eine völlig neue Entwicklung…

Die Bevölkerung empfindet, dass Erbschaften gegenüber dem Arbeitseinkommen privilegiert sind, ihr Ungerechtigkeitsgefühl wächst zunehmend. Vielleicht kann der Gerechtigkeitsgedanke auf einen Nenner gebracht werden: **Besteuerung nach der Leistungsfähigkeit**…

Zunächst ist festzuhalten, dass das angesammelte vererbte Vermögen zuvor über die Einkommenssteuer bereits besteuert wurde.

Aber – Erben von Familienunternehmen werden bei der Erbschaftssteuer besser gestellt als Geld- oder Immobilienerben. Hierzu sagt die **Politik**, Familienunternehmen müssen geschützt werden, doch der **Bundesfinanzhof** teilt diese Auffassung nicht.

Sicherlich gibt es gedanklich gerechte Lösungen die prüfenswert sind, z.b.

- Einnahmen aus dem vererbten Vermögen zu besteuern (siehe auch Zinsen)

   oder

- Erbschaft wie Einkommen behandeln

   oder

- Alle Vermögensarten könnten bei der Erbschaftssteuer gleich behandelt werden; bei Gefährdung des Betriebes sollten Stundungsregelungen helfen. Erst bei Erzielung von Gewinnen müsste Steuer gezahlt werden.

Wir wissen, dass die Erbschaftssteuer eine Doppelbesteuerung ist. Wenn sie sehr belastend ausfällt, könnten nicht gewollte Entscheidungen gefällt werden, wie:

- unnötige Firmenverkäufe,
- Geldverschwendungen zu Lebzeiten,
- unfähige Kinder werden Manager mit Boni und – Fehlentscheidungen,
- siehe hierzu einige Abschnitte zuvor (u.a. Steuerhinterziehung, Geldwäsche).

Letztlich wird das Bundesverfassungsgericht nach sorgsamer Prüfung entscheiden.

4.12 Vorstandsmitglieder – Gehälter

Die Vorstandsgehälter der Vorstände von „DAX-Konzernen" (u.a. VW, Daimler, Siemens, Bayer, Thyss.-Krupp, Henkel) geraten immer heftiger in die Kritik, weil die Vorstandsvergütungen in deutschen Aktiengesellschaften inzwischen gesellschaftsfeindlich geworden, zu hoch und häufig nicht transparent sind. So ist auch die Schutzgemeinschaft der Kapitalanleger der Meinung, dass ein **Durchschnittsgehalt** eines DAX-Vorstandes von gut zwei Millionen Euro und eines Vorstandsvorsitzenden von fast vier Millionen Euro eindeutig zu hoch seien (DAX heißt **D**eutscher **A**ktinde**x**, hierzu gehören die 30 größten umsatzstärksten Unternehmen). Doch einige Vorstandsvorsitzende erhalten erheblich mehr als **nur** 4Millionen Euro im Jahr. So betrug die letzte reale Spitzenvergütung des inzwischen ausgeschiedenen VW-Vorstandsvorsitzenden gut 15 Millionen Euro (bei sogar 5 Millionen persönlichem Verzicht).

Bei Verabschiedung des ersten Aktiengesetzes im Jahr 1937 war eine Norm aufgenommen, die bei den **Vorstandsvergütungen** ein **Verhältnis zur Belegschaft** vorsah. Nach einer längeren Ruhezeit folgten die ständigen Erhöhungen der Gehälter, die Millionengrenze längst überschreitend. Die dann darauf folgenden Transparenzregelungen des Gesetzgebers (Art Prangerwirkung) sollten

dämpfen und – erreichten das Gegenteil; die Vorstandsgehälter „explodierten"...

Nachfolgend einige Beispiele über die z.T. schwankende
Höhe der Jahresvergütung des jeweiligen **Vorstandsvorsitzenden** einiger DAX-Konzerne (Veröffentlichungen aus
dem Jahr 2013/14 oder 2015, Abweichungen, gerundet):

1)

DAX-Konzern	Jahresvergütung des Vorstands-Vors.	
VW	15.000.000	Euro
Daimler	14.000.000	Euro
Allianz	10.000.000	Euro
E.ON	4.000.000	Euro
BMW	7.000.000	Euro
Siemens	6.000.000	Euro
BASF	6.000.000	Euro
Deutsche Telekom	5.000.000	Euro
Deutsche Post	4.000.000	Euro
RWE	4.000.000	Euro
Bayer	6.000.000	Euro
Thyss. Krupp	6.000.000	Euro
Continental	5.000.000	Euro

Fresenius	5.000.000	Euro
SAP	6.000.000	Euro
Henkel	8.000.000	Euro
Linde	4.000.000	Euro
Merck	8.000.000	Euro
Beiersdorf	3.000.000	Euro
Infineon	3.000.000	Euro
Deutsche Börse	2.000.000	Euro*
Deutsche Bank	7.000.000	Euro
Commerzbank	1.000.000	Euro

*(2 Millionen Euro Jahresgehalt beträgt auch die durchschnittliche Vergütung von über hundert Vorständen)

„Geringverdienende" Vorstandschefs sind im Krankenkassenbereich zu finden. Nachfolgend eine kleine Übersicht; die Jahresbeträge können leicht abweichen, wurden gerundet:

2)

Krankenkasse	Jahresvergütung der Vorstandschefs
Techniker KK	297.000 Euro
Barmer GEK	266.000 Euro
DAK	250.000 Euro

AOK Bayern	250.000 Euro
KKH (Kaufm. KK)	237.000 Euro
AOK Hessen	229.000 Euro
mhplus BKK	229.000 Euro
AOK Baden-Württ.	227.000 Euro
SBK	226.000 Euro
BKK vor Ort	226.000 Euro
AOK Nord Ost	224.000 Euro
AOK Plus	222.000 Euro
AOK Niedersachsen	219.000 Euro
Audi BKK	217.000 Euro
AOK Nord West	204.000 Euro

Diese erheblich weniger verdienenden Vorstandschefs gegenüber Vorsitzenden der DAX-Vorstände verdienen trotzdem noch das 4- bis 6-Fache ihrer normal verdienenden leistungsstarken Mitarbeiter, und die werden sich fragen: „Stehen diese vielfachen Jahresgehälter in einem angemessenen Verhältnis zu den Aufgaben und Leistungen unserer Chefs?"

Weit interessanter wird die Frage der **Angemessenheit** bei den Jahresvergütungen der DAX-Konzern-Chefs, also der Vorsitzenden der Vorstände (siehe erste Tabelle zuvor, mittlerer Schnitt = **6 Millionen** Jahresvergütung). Bei der folgenden Angemessenheitsfrage wird die mittlere **Jahres-vergütung von 6 Millionen Euro** mit dem **normalen** Einkommen (1) **30.000 Euro** (2.500 Euro mal 12), dem **guten** Einkommen (2) von 60.000 Euro und dem **besseren** Einkommen (3) von120.000 Euro verglichen.

Der mit dem normalen Einkommen (1) müsste **200 Jahre arbeiten** um eine Jahresvergütung eines DAX-Konzernchefs zu verdienen. Bei (2) sind es noch **100 Jahre** und bei (3) immerhin noch **50 Jahre**.

Selbst ein **Bundesminister** mit **180.000 bis 200.000 Euro Jahresgehalt** müsste **30 Jahre arbeiten**, um eine solche Vergütung zu erhalten. So ist manche **Abwanderung** von der „Politik" in die „Wirtschaft" zu verstehen…

Auch das **Gesetz zur Angemessenheit der Vorstandsvergütung** des Gesetzgebers im Jahr 2009 hat eindeutig keine Angemessenheit gebracht, ganz im Gegenteil.

Aber – **Vorstände** sind **Angestellte, Aufsichtsräte** sind ebenfalls **Angestellte** und – sie erhalten ihre sehr, sehr hohen Millionenvergütungen aus einem Vermögen, was ihnen nicht gehört. Die einen sagen, hier hat die Gier obsiegt, die anderen aber meinen, dass manch einem das unnatürlich viele Geld etwas **unangenehm** geworden ist.

Generell ist festzuhalten, dass es in einem **marktwirtschaftlichen System** eine **gerechte Vergütung nicht geben kann, vielleicht aber** eine **gewisse Angemessen-heit**, eine **unzweifelhafte Kompetenzverteilung** sowie **Berichtigungen bei Marktversagen.**

Im Allgemeinen setzen sich die Vergütungen der Vorstände (DAX-Konzerne) aus drei Teilen zusammen, dem **Festgehalt**, den **Tantiemen** und den **Aktienkursen**. Doch welche Berechnungen auch immer zugrunde lagen, sie konnten **nicht verhindern**, dass die **Angemessenheit verloren** ging und die **Vorstände** das **100- bis 200-Fache ihrer Bediensteten erhalten**. Diese nicht ausgeglichene Angemessenheit hat mit der Jahrtausendwende erheblich zugenommen. Die Spatzen von Dach zwitschern es: „Die Kluft zwischen Arm und Reich wird immer größer…"

Ein liebenswerter Bekannter sagte mir einmal: „Weißt Du, diese Bosse haben alle ein schlechtes Gewissen…" Auf meine dümmliche Frage: „Warum?", antwortete er mir ein wenig grinsend: „Die entlassen doch hin und wieder mehr als 100 ihrer Mitarbeiter, nur um ihr schlechtes Gewissen wegen ihrer abkassierten Millionen Euro zu beruhigen…" „Wie das?", fragte ich ein wenig irritiert. „Na, das ist ganz einfach. Die haben doch damit ihre gescheffelten Millionen Euro wieder eingespart…","Du spinnst…", weiter kam ich nicht als er sich räusperte: „Ich meine ja nur…, na ja, eigentlich haben die jetzt ja wieder ein schlechtes Gewissen…" Damit war das Gespräch beendet.

Die Lücke zwischen Arm und Reich wird in der Tat größer. Zwischen 2000 bis 2014 stieg z.B. das Einkommen aus Firmenbesitz und Vermögen um 30%, d.h. viermal mehr als der Anstieg der Löhne. Ohnehin **besitzen 10% der „Oberen" 60% des Vermögens in Deutschland** und damit hat die Ungleichheit Jahr für Jahr zugenommen. Die sogenannten Reichen profitieren auch, weil der **Gesetzgeber**

„Angst" vor der Abwanderung von Kapital hat. So werden Zinseinnahmen nicht mehr mit dem eigenen Einkommenssteuersatz belegt, sondern pauschal mit 25%.

Die untere Gesellschaft nimmt an der Vermögensaufteilung kaum teil, nicht zuletzt **weil die weltweite Konkurrenz auf Löhne drückt.** Aber – der mehrheitliche Anteil deutscher Arbeitnehmer ist davon überzeugt, dass der erhaltene Lohn, das erhaltene Gehalt den erbrachten Arbeitsleistungen nicht gerecht wird; sie möchten **gutes Geld für gute Leistung.** Doch nur 25% der Arbeitnehmer ohne Führungsverantwortung erhält neben festem Gehalt Leistungsprämien. Bei den Führungskräften sind es knapp 60% die eine leistungsorientierte Vergütung erhalten. Doch bei den Vorständen geht „Geld scheffeln" oder „Boni-Geld" oftmals leichter. So erhalten Vorstände bei variablen Vergütungen „zufällig" am Tiefpunkt des Aktienmarktes Aktien-Optionen. Steigt nun die Aktie, macht gar den Höhenflug, können Millionen Euro zusätzlich vereinnahmt werden.

Eine weitere Einnahmequelle ist, wenn Aktienkurse nur um wenige Prozent steigen: es werden Leistungshonorare gewährt. Doch für die **Belegschaft unverständlich ist,** dass trotz **schwerer Krisen, oft selbst verursacht, Vorstandsmitglieder** trotzdem **Millionen Euro Boni erhalten.** Man muss Verständnis dafür haben, wenn hinter vorgehaltener Hand Belegschaft wie Betriebsrat raunen: „**Die haben sich für ihren Misserfolg auch noch belohnt...**" Bei ähnlich gelagerten Fällen könnte man auch von Raffgier sprechen...

In NRW ist der Landesregierung aufgefallen, dass inzwischen die Vorstände der Sparkassen das Ein- bis Dreifache „Ministergehalt", also zwischen 180.000 bis 540.000 Euro und mehr jährlich verdienen. Selbst diese sogenannten geringverdienenden Vorstände erhalten noch das Drei- bis Siebenfache ihrer normal verdienenden Angestellten.

Bei einem gut „verdienenden" **Vorstandsvorsitzenden** (z.B. 6 Millionen Euro) sei die Frage erlaubt: „Was **mag er empfinden**, wenn sein **leistungsstarker Zuarbeiter** alle **notwendigen Arbeiten** für ihn stets **auf den Weg bringt**, die **Reden bis ins Detail feilt, Termine vorbereitet** oder erledigt und, und, und…?" Beim **Chef** braucht nur noch das **Hemd richtig sitzen** und – die **Sitzung kann beginnen**…

Aber – dieser **fleißige, hochintelligente Zuarbeiter** (Vorstandsassistent) **verdient** nur $^1/_{50}$ bis $^1/_{25}$ der **Vergütung seines Chefs**, obwohl er der **Lastenträger** auf der **Vorstandsebene** ist…

Man darf annehmen, dass beide nicht einmal darüber nachgedacht haben oder nicht darüber nachdenken konnten, weil der **fleißige Mitarbeiter keine Zeit** und der **Vorstandschef** längst die **Gewöhnungsphase** für sein „Boni-Gehalt" **überschritten** hat.

4.13 Fußballprofi-Gehälter

Wenn man den unterschiedlichen Veröffentlichungen Glauben schenken darf, sollen z.B. Fußballstars wie L. Messi von Barcelona im Jahr rund **72 Millionen** Euro

Einnahmen haben, Chr. Ronaldo von Real Madrid **78 Millionen** Euro; aber auch in Deutschland kommen R. Lewandowski und T. Müller auf rund 20 Millionen Euro im Jahr. Hier kommen DAX-Konzernchefs nicht mehr mit, sie können nur noch staunen, denn was L. Messi und Chr. Ronaldo **monatlich** verdienen, dazu benötigen DAX-Konzernchefs **ein Jahr oder viele Monate**...

Es ist wohl eine besondere Erfolgsgeschichte im deutschen Sport: die Gründung der Fußball-Bundesligen. Millionen Fans strömen immer wieder als begeisterte Zuschauerin die Fußballstadien. Andere sitzen vor dem Fernseher um ein Spitzenspiel zu schauen oder andere ersehnen am Wochenende gespannt die Spielergebnisse, Freude oder Enttäuschung erwartend. Inzwischen ist die Bundesliga 53 Jahre alt (1963 – 2016) und das ökonomische Gesetz von Angebot und Nachfrage gilt auch auf dem Markt der Profi-Fußballspieler. Dabei ist interessant, dass in den letzten 20 Jahren die Gehälter um rund 700% (!) gestiegen sind. Auch die „Macht der Verhältnisse" zwischen Spielern und Vereinen haben sich zugunsten der Spitzenspieler verschoben.

Die Geldpolitik der UEFA hat mit Gründung der **Champions League** die Kaufkraft der Vereine von Spitzenclubs erheblich gestärkt; sie entwickelte sich zum Zuschauermagnet sowie zur Einnahmemaschine...

Den **Rahm auf dem Markt** der **Profi-Fußballer** schöpfen die **Stars ab**, denn einige **jüngere Mitspieler** erreichen **nicht annähernd die Millionengrenze**, sie liegen bei ihrem Jahresgehalt bei guten 100.000 Euro. Die geschätzten

monatlichen Durchschnittswerte werden von daher unterschiedlich beurteilt, und zwar in der

1. Bundesliga mit 30.000 – 80.000 Euro
2. Bundesliga mit 7.000 – 20.000 Euro
3. Bundesliga mit 2.500 – 10.000 Euro

Im **Frauenfußball** wird **erheblich weniger** gezahlt. So erhält die Nationalspielerin C. Sasic als hochbezahlte Fußballerin nur 100.000 Euro im Jahr, L. Maier 40.000 bis 60.000 Euro. Mit diesem Gehalt können Spielerinnen in ihrem späteren Leben nicht sorgenfrei leben; sie müssen sich mit einem etwas anderen Berufsbild für die überwiegende zweite Lebenshälfte absichern.

Anders bei den dauerhaften Spitzen-Profifußballern, sie sind für ihr späteres Leben gut abgesichert…

Seit Ende des 20. Jahrhunderts, also in den letzten 16 Jahren, haben die Umsätze der Vereine und auch die Gehälter der Profis stark zugenommen. Dennoch sind die Umsätze der **Vereine** stärker gestiegen als die sehr hohen Gehälter der 1. Liga-Spieler. Es gibt genügend **kritische Stimmen**,die eindeutig die **Millionengehälter** als enorm **zu hoch** bezeichnen. Doch die Fans akzeptieren die hohen Gehälter „ihrer" Fußballstars, die ihre Einnahmen teilweise noch über Werbedeals erhöhen. Ein Vergleich zu Konzernchefs ist kompliziert und lässt sich mit Fußballprofis nicht gut ziehen. Ohnehin sind im Fußballgeschäft einige **Geldschöpfer** beteiligt, wie Verein, Berater, Versicherungen,

Makler u.a.m. Hinzu kommen **Körperschäden** der Spieler durch Verletzungen beim Spiel...

Die mögliche Gier bei diesen sprudelnden Geldquellen findet man nicht so sehr bei den Profis, sondern eher in ihrem Umfeld, bei den vielschichtigen Mitverdienern.

Vielleicht ist noch erwähnenswert, dass im „Land der unbegrenzten Möglichkeiten", der USA, in der 1. Liga **M**ajor League **S**occer (MLS) einzelne Spieler nicht mehr als 355.000 Dollar pro Jahr verdienen dürfen. Doch bei zwei Spitzenspielern je Team kann **höheres Gehalt** gezahlt werden. Diese Fußballstars – sowie auch diejenigen in der 1. Bundesliga – erhöhen die Mitspielerqualität, sorgen für den Zuschauerzustrom und damit für den erhofften Geldregen...

Auch **Spitzentrainer** bleiben von Millioneneinkünften nicht „verschont", so verdient J. Mourinho 18 Millionen Euro, J. Guardiola 15,2 Millionen Euro und J. Klopp 7,2 Millionen Euro.

Selbst die Fußball-**Moderatoren**, (frühere Fußballstars) Herren Kahn und Scholl, früher Bayern München, sollen vom ARD um 800.000 Euro pro Jahr erhalten, das ZDF zahlt Herrn Kehl, früher Borussia Dortmund, je Einsatz bis 3.000 Euro.

Bei den **Spitzen-Fußballprofis** kann man von einer **durchschnittlichen** Vergütung von 12 Millionen Euro im Jahr ausgehen. Wenn man hier durchschnittliche „Jahresvergleiche" erhebt, so müsste ein **DAX-Konzernchef**(6 Mio. Euro) **zwei** Jahre, ein **gut verdienender Angestellter**

(60.000 Euro) **200** Jahre und ein **Bundesminister** (180.000 Euro) **60** Jahre arbeiten. Irgendwie stellen die Spitzenvergütungen der Fußballprofis die der DAX-Konzernchefs ein wenig in den Schatten...

Doch in der Bevölkerung ist die Kritik bei den hochbezahlten DAX-Konzernchefs riesig, bei den weit höherverdienenden Fußballstars nur schwach ausgeprägt. Obwohl von der Marktbehauptung der Konzerne Millionen von Arbeitsplätzen abhängen, bleibt die erheblich stärkere Missbilligung bei den Konzernchefs-Gehältern.

Vermutlich ist es der Rausch des Spielgeschehens, die Beliebtheit der anfassbaren Fußballstars, die ihre Millionengehälter verblassen lassen.

Von daher zahlen die Fans weiter, jubeln oder sind traurig. Wenn das Spiel läuft,ist die Korruption in den Verbänden vergessen; das Sommermärchen bleibt so in Erinnerung wie es war. Vielmehr begeistern die technisch versierten Profis mit ihrem Spiel und – wenn wir ehrlich sind, freuen sich nicht nur die Zuschauer in Stadien, sondern auch wir als Fernsehzuschauer vor dem Bildschirm voller Spannung auf das nächste Spitzenspiel, das übertragen wird...

4.14 Politik

Das Wort ist nach dem griechischen „politika" gebildet – die „Kunst der Staatsverwaltung" – und spricht die Stadtstaaten im antiken Griechenland an (damals „polis" genannt). Der Begriff erfasst die Öffentlichkeit und das

Gemeinwesen insgesamt (nicht das Private), d.h. die Politik regelt die Angelegenheiten eines Gemeinwesens durch verbindliche Entscheidungen. In einem demokratischen System geschieht dies mit Zustimmung der Mehrheit der Betroffenen, in totalitären Systemen wird diese aus der herrschenden Ideologie abgeleitet. Der Staat ist also die politische Einheit einer Gemeinschaft von Menschen, das sogenannte **Staatsvolk**, das in einem **Staatsgebiet** wohnt und unter einer **Staatsgewalt** organisiert ist.

Deutschland ist ein demokratischer Staat und hat seine Staats**gewaltgeteilt**, es existiert also eine **Gewaltentrennung** in

- **Legislative** (Gesetzgebung)
- **Exekutive** (Verwaltung)
- **Judikative**(Rechtsprechung)

Die grundlegende **Norm** des deutschen Staates beinhaltet das **Grundgesetz** als **Verfassung**.

Als **oberste Bundesorgane** sind in Funktion:
1. **Bundestag** (Abgeordneten)
2. **Bundesrat** (Länder als föderatives Element)
3. **Bundespräsident**
4. **Bundesregierung**

An der Spitze der Bundesregierung steht z.Zt. eine **Bundeskanzlerin**. Sie leitet die Regierung und bestimmt die **Richtlinien der Politik**...

Ohne einzelne Zeitabschnitte näher zu beleuchten, die Politik in Deutschland hat 70 Jahre (!) lang die Bürger vor einem Krieg bewahrt. Danke! Und alle bisherigen Kanzler sowie die amtierende Kanzlerin waren daran beteiligt.

Die bisher erste und einzige Kanzlerin in Deutschland, Frau Dr. Merkel, ist bereits mit drei Amtszeiten über 11 Jahre erfolgreich im Amt und ist als „mächtigste Frau der Welt" gekürt. Die Kritik in der Flüchtlingspolitik birgt nicht den Fehler „wir schaffen das", sondern die einmalige Migrationswelle der Hunderttausenden **ohne Kontrolle** einreisen zu lassen, längst von der Kanzlerin eingesehen und erkannt („Wenn ich könnte, würde ich die Zeit mehrere Jahre zurückdrehen").

Und in keinem Fall sollte aus unserer im Ausland gefeierten **„Willkommenskultur"** eine Feindlichkeit gegen Migranten werden. Es würde schädlich und unserer noch florierenden Wirtschaft nicht dienlich sein (Arbeitskräfte der Zukunft, Exporteinbußen). Doch Migranten, die Straftaten begehen, gehören nicht zu der „Willkommenskultur".

Wir haben die freie Presse, eine öffentliche Meinung und – wahlkampfredende Politiker. Wie schnell dann **Ängste** geschürt werden erleben wir derzeit, oft beschämend in den Äußerungen, gespickt mit Lügen. Und wenn Wissen Macht ist, dann sind wissentlich verbreitete Lügen Machtmissbrauch.

Inzwischen beherrschen die vorbereiteten Freihandelsabkommen mit USA (TTIP) und Kanada (CETA) die Schlagzeilen. Ganz allgemein befürchtet die Bevölkerung den erhöhten Abbau der Demokratie, wie z.B. die öffentliche Daseinsfürsorge und die des Umweltschutzes.

Wenn Unternehmer sagen TTIP und CETA würden wirtschaftliches Wachstum fördern, antworten mehrheitlich die Stimmen des Volkes, dass Grundrechte ausgehöhlt, Konzerne profitieren und Menschen verlieren würden.

Vermutlich ist die **Undurchschaubarkeit der Abkommen ursächlich** für berechtigte Ablehnungen, ja Ängste und vielleicht werden mögliche Vorteile nicht gesehen.

Wohl übersehen und nicht beachtet wird ein wichtiges Grundrecht, vermutlich Jahr für Jahr schleichend, aber erkennbar durch relativ stetig geringer werdende Geldzuteilungen im Haushalt für **Bildungspolitik.** Die Erwartungen und Forderungen an Bildungspolitik sollten aber bestmöglich erfüllt werden, damit unsere Gesellschaft die derzeitigen und künftigen Herausforderungen, wie Krise der Demokratie, wachsende Kluft zwischen „Oben" und „Unten", Globalisierung, wissenschaftliche Erkenntnisse,demografischer Wandel, Klimawandel u.a. bewältigen kann.liebe **Haushaltsexperten**, ein „Mehr" für die **Bildung** ist **wirklich gut angelegt**…

Die **Geldquellen** des Staates sprudeln, im **Bundeshaushaltsetat2015** waren es gut **300 Milliarden** Euro.

Interessant wird ein **Vergleich** der **Vergütungen** des Vorstandsvorsitzenden von VW und der Bundeskanzlerin. Das aktuelle Gehalt der Kanzlerin beträgt gut 300.000 Euro im Jahr. Die Vergütung des Vorstandsvorsitzenden beträgt 15.000.000 Euro (siehe Abschnitt 4.12). Es sind sicherlich sehr unterschiedliche Verantwortungsbereiche, aber es überrascht doch, dass die **Kanzlerin 50 Jahre (!)** arbeiten müsste, um **ein Jahresgehalt** des **Konzernchefs** von VW zu verdienen. Wenn man dann den **Fehler** der Betrugssoftware bei VW **plus** Trotzdem-**Boni** des Vorstandes in einen-**Vergleich** setzt zu dem „wir schaffen das" der Kanzlerin **ohne** Trotzdem-Boni und gewaltig ungleichen Jahresgehältern (s.o.), dann **fehlt einfach die Angemessenheit** und die Kanzlerin-Schwachstelle wirkt sehr, sehr klein...

Wissenswert ist, was die **regierenden „Länderchefs"** in einigen europäischen Ländern einschließlich der Chefs der EU und außerhalb Europas jährlich verdienen (grob gerundet):

Frankreich	180.000 Euro
Niederlande	160.000 Euro
Spanien	78.000 Euro
Italien	99.000 Euro
Ungarn	60.000 Euro
Slowenien	36.000 Euro
Kroatien	37.000 Euro
Irland	185.000 Euro
Schweden	195.000 Euro
Lettland	55.000 Euro
Litauen	312.000 Euro
Deutschland	300.000 Euro
Dänemark	96.000 Euro

Europ. Rat	307.000 Euro
Europ. Kommission	307.000 Euro
Türkei	180.000 Euro
USA	350.000 Euro
Kanada	233.000 Euro
Russland	1.200.000 Euro
China	19.000 Euro

Wenn man diese Gehälter mit denen von **Vorständen** oder **Fußballstars vergleicht,** bleiben die **Regierungschefs „Geringverdiener".** Einige erreichen oder überschreiten knapp die „gering verdienenden" Vorstandschefs der Krankenkassen (zwischen 200.000 bis 300.000 Euro Jahresgehalt), die Konzernchefs und Fußballstars sind aber nicht annähernd erreichbar.

Die Politik genießt z.zt. keinen allzu guten Ruf. Viele Menschen in aller Welt trauen den Politikern einfach nicht mehr zu, ihr Land im positiven Zusammenleben aller zu gestalten. Der Blick auf verschiedene Länder zeigtauf, dass totalitäre Systeme als staatliche Macht die demokratischen Politiker hier und dort ablösen.

Mitursächlich mag in diesen Ländern erhöhte **Arbeitslosigkeit** sein, vor allem die der jüngeren Arbeitskräfte...

Anfang 1968 hörte ich morgens im Radio den **Vortrag** eines Jesuitenpaters, der Name ist mir entfallen. Er sprach über Arbeitslosigkeit und neue Gesellschaftsformen. Aber – damals herrschte Vollbeschäftigung, ja es mangelte an

Arbeitskräften. Es war die Zeit der italienischen, jugoslawischen, spanischen, türkischen u.a. Gastarbeiter. Doch der Pater sprach über die Zukunft, erzählte von der **nächsten Generation**, die vermutlich mit einer hohen Zahl von Arbeitslosen leben müsste und er zeigte den Grund seiner Gedanken auf. So wies er beispielsweise auf technisch versierte Produktionsmechanismen hin, ihre **Computersteuerung** und nannte sie **Arbeitsplatzkiller.**

Doch der Jesuitenpater überraschte seine Radiohörer mit einer Zukunftsvision für die **übernächste Generation.** Es müssten sich zwei Gesellschaftsformen bilden. Auf der einen Seite die **Produktionsgesellschaft**, die für ein gut gesichertes Bruttosozialprodukt sorge und auf der anderen Seite die **Beschäftigungsgesellschaft**, die zwingend keine Arbeitslosigkeit aufkommen ließe. Die Beschäftigungszeiten müssten den durchschnittlichen Arbeitszeiten angepasst werden. Zu den Beschäftigungszeiten zählte er die Arbeiten nach Weisung der Kommunalbehörden, Zeiten der Weiterbildung, Teilnahme an Sportübungen u.a.m., die aber stets unter Aufsicht stattfinden müssten. Die „abgeleisteten" Beschäftigungszeiten garantierten ein **Beschäftigungsgeld** (anstelle von sozialen Leistungen). Im Übrigen solle sich der Wechsel von leistungsstarken Beschäftigten zu produktiver Tätigkeit und auch umgekehrt nahtlos vollziehen. Nur mit meinen wenigen Notizen aus der Zeit vor fast 50 Jahren zeigen die Visionen des Paters auf, die noch heute überraschen. Natürlich hat der vortragende Jesuitenpater Zusammenhänge verdeutlicht, u.a. keine Belastungen für Arbeitgeber, kein Müßiggang für arbeitsfähige

Arbeitslose, aber Entlastungen für Kommunalbehörden, z.B. Dorferneuerungen. Möglicherweise könnte diese Vision – natürlich modifiziert – ein Lösungsansatz für die wirklich europaweit wachsende Zahl von Arbeitslosen sein...

Vielleicht müssen wir alle lernen, mehr gesellschaftliches und politisches Engagement zu entwickeln, denn der deutliche Gradmesser zu „geringer Wahlbeteiligung" macht stutzig und meldet ein unmissverständliches Signal der „Politikverdrossenheit"...

5. Erkenntnis –

Geldquellen – Gier – Gefahren

5. Erkenntnis –

Geldquellen – Gier – Gefahren

Zunächst in einem Satz gefasst sind **Geldquellen** vielschichtig, von daher wurden nur die bekanntesten angesprochen; die oft deutlich gewordene **Gier** macht offensichtlich unersättlich, vielfach finanziell reich, **bedrohlich** sind die deutlich gewordenen unermesslichen **Gefahren**.

Den **anfänglichen Begehrlichkeiten** begegnet man am besten, indem man in jungen Jahren von dem mühsam verdienten Geld nicht mehr ausgibt, als zuvor eingenommen wurde. Vielleicht kann aus den Erzählungen der Bettler Gegensätzliches entnommen werden. Während der Schwerstbehinderte stetig weiteres „Mehr" an **Geld** für **Besitz** erbettelte, **hatte** der offensichtlich ursprünglich **vermögende** Bettler vom stressbeladenen **Managerdasein genug**; er war vermutlich anlässlich eines Burnouts vom immer „Mehr" gesättigt.

Zur **unverständlichen Begierde** ist festzuhalten, dass zu allen Zeiten versucht wurde, das „leichte" Geld zu „verdienen", sei es durch Betrügereien, Korruption, Steuerhinterziehung u.a.m. Dem Bürger kann man nur erhöhte Wachsamkeit empfehlen, auch ein bisschen Vorsicht, um unnötige finanzielle Verluste zu vermeiden.

Die **sprudelnden Geldquellen** zeigen auf, dass mit der fortschreitenden **Industrialisierung** in ihren zeitlichen Phasen – Dampfmaschine, Elektrizität, Digitalisierung – in den letzten 150 Jahren erhebliche **Gefahren** für Mensch, Tier und Umwelt/Klimaerwärmung gebracht hat.

Die **Anfänge der Industrialisierung** bereiteten den lohnabhängigen Menschen elende Armut. Anders als ihre Armut **ohne** Hunger während des Dorflebens, lebten sie nun in unhygienischen Quartieren in der Nähe ihrer Fabriken, Kinder und Frauen mussten mitschuften, um zu überleben. Versicherungsschutz gab es nicht. Erst einige Jahrzehnte später verbesserten sich die Arbeitsbedingungen. Politische Bewegungen halfen, das Leiden der Menschen zu beenden. Doch die einzelnen Geldquellen haben beleuchtet, welche alten und neuen Gefahren auf Menschen, Tiere und Umwelt zuströmten. Ob **Kohle, Stahl, Erdöl, Erdgas, Atomkraft, Auto, Flugzeug, Schiff, Landwirtschaft** oder **Textil**, stets wird bei **Produktion** wie **Nutzung** eine belastende **Umweltverschmutzung** durch **Gifte, Müll** oder **Staub** hervorgerufen. Wäre die Luft rein, so müssten die natürlichen Bestandteile 21% Sauerstoff und 78% Stickstoffsein; 1% sind andere natürliche Bestandteile.

Die gasförmigen, festen wie flüssigen **Schadstoffe**, die von oben genannten Geldquellen ständig tonnenweise in unsere Luft geschleudert werden, sind nachfolgend noch einmal zusammengefasst:

- Kohlenmonoxid
- Stickoxide
- Benzol
- Schwefeloxid
- Fluorkohlenwasserstoffe

- Fluorchlorkohlenwasserstoffe
- Kohlendioxid
- Ozon

sowie

- Feinstaub u.a. in Form von Dieselruß, Asche, Blei und weitere Schwermetalle.

Die Menschen, vor allem die Kinder, können in den Ballungsräumen (Städten, stark befahrenen Straßen u.a.) keine saubere Luft mehr einatmen. Die **Ursache vieler Krankheiten** wird **täglich** von den **Luftverschmutzern** Industrie und Verkehr produziert, leider, denn es ist auch unser **Arbeitsmarkt!!!**

Vielleicht werden **eines Tages Elektrobahnen, Elektroautos, Elektroschiffe, Elektroflugzeuge und eine Bio-Landwirtschaft helfen...**

Die **erheblichen Geldquellen** zeigen „Oben" und „Unten" auf. Aber – vergangene Zeiten lehren uns, die „da **Oben**" und die „da **Unten**" hat es schon immer gegeben: Könige – Volk, Adelige – Untertanen, Gutsherren – Gesinde, Herrschaften – Bedienstete, Arbeitgeber – Arbeitnehmer.

Gefühlsmäßig erlebten wir Menschen schon von Beginn unseres Lebens an „Unten" und „Oben", z.B. Kind – Eltern, Schüler – Lehrer, Lehrling – Meister, Bürger – Obrigkeit u.a.m.

Auch in früheren Zeiten gab es zwischen „Reichtum" und „Armut" **nicht** besonders **angemessene Verhältnisse**. Wir wissen, dass die **Fugger**familien aus Augsburg sehr reiche Handelsherren und Bankiers waren und im 15./16. Jahrhundert regierende Fürsten und Könige sowie Kaiser und Papst finanzierten. Von Jakob II. Fugger sagt man, er sei der reichste Mann der Welt (gewesen), trotz des heutigen 70MilliardenEuro-Vermögens von Bill Gates (USA).

Wir sind also angekommen bei den erheblichen Geldquellen in heutiger Zeit. Sicherlich muss man sich fragen, ob es noch **angemessene Verhältnisse** sind, wenn der höchste angestellte Vorstandsvorsitzende oder **Chef eines DAX-Konzerns** mit seinem *Jahresgehalt* **das 50- bis 200-Fache** seiner besser, gut und normal verdienenden Angestellten erhält, d.h. sie müssten 50 bis 200 Jahre arbeiten, um letztlich ein Jahresgehalt ihres Chefs zu verdienen. Damit sich jeder in seiner Haut wieder wohler fühlt, muss der Gesetzgeber sich fragen, inwieweit er das **Gesetz zur Angemessenheit** der Vorstandsvergütung neu überdenken, wirkungsvoll überarbeiten muss.

Etwas schwieriger dürfte es im Bereich der Fußballprofis sein; hier haben sich Angebot und Nachfrage extrem für die gern gesehenen „Dribbelkünstler" durchgesetzt.

Die **Politik** hält sich, der Steuerzahler zahlt, vermutlich wird der **Jahreshaushalt 2016** den von 2015 mit 300 Milliarden Euro erheblich überschreiten, vermutlich wieder rund 310 Milliarden Euro erreichen.

Losgelöst von den Aussagen der „schwarzen 0" und des „ausgeglichenen Haushalts", müssen die Regierenden nach der „Schuldenuhr der EU-Mitgliedstaaten "**Staatsschulden** (!) in Höhe von rund **2.138 Milliarden Euro** verkraften. Die Pro-Kopf-Staatsschulden belaufen sich für jeden der über 81 Millionen Einwohner in Deutschland auf rund 26.000 Euro, pro Erwerbstätigen dürfte der doppelte Betrag erreicht werden.

Nachfolgend sind zum Vergleich die **Staatsschulden2016 einiger EU-Mitgliedstaaten** sowie von **USA** und **Japan** nach der o.g. „Schuldenuhr" festgehalten:

Land	Schulden	Staatsschulden-quote (BIP)
Deutschland	2.138.000.000.000	68 %
Frankreich	2.142.050.000.000	96 %
Italien	2.203.760.000.000	132%
Spanien	1.100.070.000.000	99 %
Niederlande	454.313.000.000	65 %
Portugal	236.420.000.000	128 %
Österreich	294.059.000.000	84 %
Griechenland	318.730.000.000	182 %
Slowenien	31.755.000.000	80 %
Lettland	10.078.000.000	40 %
Schweden	1.849.570.000.000	43 %

| USA | 19.772.670.000.000 | Dollar | --- |
| Japan | 1.941.907.900.000.000 | Yen | --- |

Hinweis: Laut Mastricht-Vertrag soll die Staatsschuldenquote der Länder **60%** des Bruttoinlandsproduktes (BIP) nicht überschreiten.

Die kleine Übersicht zeigt auf, dass sich fast kein EU-Land an die Schuldenobergrenze und den Euro-Stabilitätspakt hält. Es interessiert offensichtlich niemanden mehr, dass die **Neuverschuldung** nur **3% des BIP** überschreiten darf, denn tatsächlich werden 5% bis 125% (!) überschritten. Inzwischen haben wir alle begriffen, dass die Staatshaushalte nicht im Sinne des Gesetzes geführt werden; Gesetze werden gebrochen und wir hören nicht immer die Wahrheit.

Allein die **Staatsschulden** der **EURO-Zone** (19 Staaten) betragen nach der Schuldenuhr (Anf. Okt. 2016) fast 10.000.000.000.000 Euro, also 10.000 Milliarden Euro, die der EU-Mitgliedsstaaten (28 Staaten) insgesamt 12.500 Milliarden…

Wer soll das bezahlen? Wer könnte das Geld für eine Euro-Rettung haben? Ja, richtig: die Steuerzahler!

Mangelndes Handeln, vorschnelle Entscheidungen und Uneinigkeit der einzelnen Mitgliedstaatentragen in Europa dazu bei, dass der **Euro bröckelt**. Ob diese unstabile Währungsunion zu retten ist bleibt fraglich, hierzu gibt es z.Zt. keine lösende Antwort… Oder doch? Vielleicht eine Bankgemeinschaft mit vorsorglich gesicherten Einlagen und

Basteln am Euro. Wenn er bröckelt, müsste man ihn teilen, so wie dies mit der „Nord-Süd-Schiene" längst angesprochen wird, in Nord- und Süd-Euros.

Nur einige Gedanken zur Rettung, mehr nicht…

Die Rückblende zur Politik in Deutschland zeigt auf, wie die Wirtschaft boomt, dass der Staatshaushaltsetat Jahr für Jahr steigt, aber Jahr für Jahr Gelder falsch geflossen sind, denn bei **Brücken, Schienen, Schulgebäuden, Kindergärten, Universitäten** und der **übrigen Infrastruktur mangelt** es an **Instandhaltung**. Vermutlich erhalten **Banken** ein „**Zuviel**" und **Bildung, soziale Sicherung** sowie die obengenannte **Infrastruktur** ein „**Zuwenig**" an Zuschüssen.

Liebe Politik, plant bei Neuinvestitionen des Staatshaushaltes sehr besonnen und klug, vor allem zugunsten der **Bildung**…

6. Gelassen –
Bescheiden –
Zufrieden

Oase

des Wohlbefindens bei

Gelassen- und/oder Bescheidenheit

Bisher standen „Gegenbegriffe" wie Geld, Gier und Gefahren im Focus. Die beteiligten Menschen waren vermutlich häufig in Stress-Situationen, die nicht nur sie selbst, sondern oft auch andere belasteten. Hinzu kamen die aufgezeigten Gefahren.

Nun lebt man, ob „unten" oder „oben" gelassen oft bescheiden und empfindet Ruhe, ja innere Zufriedenheit.

Dabei kann **Bescheidenheit** u.a. eine Wesensart eines Menschen, eine einfache Lebensführung, Genügsamkeit leben sein.

Es kann aber auch spöttisch „eine bescheidene Leistung" und selbstkritisch „mein bescheidener Anteil" bedeuten.

Das Vorbild für **Gelassenheit** ist u.a. freundlich, ruhig, diplomatisch, bescheiden, verständnisvoll, selbstlos, optimistisch in jeder vorgegebenen Lage zu sein.

Gelassenheit darf nicht mit Trägheit, Stumpfheit, Gleichgültigkeit u.a. verwechselt werden.

Mögen die nachfolgenden Zeilen oder Beispiele einen Weg zur inneren **Zufriedenheit** aufzeigen, einen, der glücklich-zufrieden macht…

6.1 Hartz IV-Empfänger

Wir begegneten uns durch Zufall in einem idyllischen Dorf vor einem kleinen Einfamilienhaus mit gepflegtem Garten, bunter Blumenpracht und ansehnlichen Gemüsebeeten, der 48-jährige Familienvater H., seine 39-jährige Frau wie 10 und 13 Jahre alte Kinder, Tochter und Sohn. Nach kurzer Unterhaltung am Gartentor lud man mich zu einem Glas Wasser auf der Terrasse ein. Die Kinder gingen ins Haus, um den Rest ihrer Schularbeiten zu machen.

Inzwischen hatten wir auf der Terrasse Platz genommen, uns gegenseitig vorgestellt und plauderten nun als Dorfnachbarn munter drauf los.

Herr H. hatte mit 46 Jahren einen Schlaganfall erlitten und konnte nach Krankenhausaufenthalt, Reha sowie Genesungszeit seine alte Arbeit in der Fabrik nicht mehr ausüben, einen neuen Arbeitsplatz nicht finden und bekam nun **Hartz IV.**

Seine teure Stadtwohnung musste er verlassen und hatte sich gemeinsam mit seiner Familie zur „Stadtflucht" entschieden. Sie fanden das preiswerte Mietshäuschen mit Garten und zogen ein. Sein Einkommen hatte sich erheblich verändert. Während des Arbeitslebens hatte er monatlich 2.300 Euro netto verdient. Nun bekam er monatlich 1.089 Euro netto, aber mietfrei.

In der Stadt zahlte er für Miete plus Nebenkosten 920 Euro. Die Miete vom Nettoverdienst abgezogen ergab 1.380

Euro, d.h. mit Hartz IV hatte er nur 291 Euro monatlich weniger. Ich höre noch seinen Satz in meinem Ohr: „Hier leben wir bescheiden und sind glücklich…" Längst hatten sie sich eingelebt, hatten liebenswerte, unmittelbare Dorfnachbarn, waren angesehene Helfer bei Gemeinschaftsarbeiten der Dorferneuerung. Dieses Gefühl von Gemeinwohl war ihnen mehr wert als Geld.

Sie hatten aber auch haushalten gelernt. Brot, Brötchen sowie Wurst- und Fleischwaren konnten sie bei den „fliegenden Händlern" Bäcker und Metzger kaufen. Zweimal im Monat fuhren sie mit dem Fahrrad zum Discounter in die Kreisstadt, kauften Vorrat für zwei Wochen preiswert ein.

„Wir sind hier zufrieden, waren es nicht in der Stadt; es fällt uns leicht, genügsam zu sein, wirkungsvoll Maß zu halten. Natürlich müssen wir rechnen, aber wir haben Wirtschaften gelernt…", seine Worte klangen zuversichtlich.

Als wir uns verabschiedeten lächelte seine Frau: „Wir brauchen wirklich nicht die großen Sprünge, wir leben einfach die gelassene Bescheidenheit und sind glücklich. Besuchen Sie uns mal wieder…"

Wir trafen uns noch öfter und ich erfuhr einiges über den unfreiwilligen Hartz IV-Empfänger. Jedenfalls hatte er sich mit seiner Familie ein wohlfühl-bescheidenes Leben aufgebaut. Er sagte mir mal, dass er als Hartz IV-Empfänger in der Stadt auch nicht annähernd ein so sorgenfreies Leben hätte führen können.

Vom Bäcker bekamen sie das preiswerte „von gestern-Brot", machten Erntehilfe bei der Kartoffelernte und kellerten für wenige Euro ein. Als geschickter Handwerker kamen über Nachbarschaftshilfe manche Naturalien ins Haus: Honig, Butter, Schmalz, Wurst, Obst, Rapsöl u.a. Die größte Hilfe war der eigene Garten mit selbst bearbeiteten Gemüseanbau. Hier im Dorf kamen sie nicht nur mit Hartz IV aus, sondern behielten Monat für Monat ein paar Euro in Reserve. Nur in Urlaub konnten sie nicht fahren…

„Brauchen wir auch nicht", hatte sie mal gesagt, „wir wohnen doch da, wo andere Urlaub machen. Wald, Wiesen, hügeliges Bergland, Wanderwege, ein kleiner See, Bach und Fluss plätschern fließend durch unsere idyllische Landschaft, am Morgen weckt uns melodisches Vogelgezwitscher. Wir erleben jeden Tag Urlaub, wir sind jedenfalls „guter Dinge", zufrieden, dankbar und – hoffentlich bleiben wir gesund…"

Wie einfach es doch ist, mit wenigem Geld ein zufriedenglückliches Familienleben zu führen.

6.2 Normalverdiener

Bei den Normalverdienern gehe ich von 2.500 Euro, den Gutverdienern von 5.000 Euro und den Besserverdienern von 10.000 Euro im Monat aus. Schauen wir mal, wie es mit der gelassenen Bescheidenheit klappt…

Erfahren habe ich von der in der Stadt wohnenden Familie N. durch Herrn H.; er war ehemaliger Arbeitskollege und Nachbar von N. Als H. noch in der Stadt wohnte, hat seine Frau in Büroräumen geputzt und er selbst nach Feierabend in einem kleinen Handwerksbetrieb ausgeholfen. Die Miete hatte sie so sehr geschröpft, dass sie zusätzliche Einnahmequellen benötigten.

Nicht so Nachbar N. Er war mit seiner 3-köpfigen Familie einfach genügsam, fast anspruchslos, er brauchte keine weiteren Einnahmequellen. Zwar war seine kleinere Wohnung an Miete 110 Euro niedriger als beim Nachbarn H., also nur 810 Euro, aber er hatte keine Probleme mit seinem Nettoeinkommen. Es reichte seiner kleinen Familie, dank der damit verbundenen einfachen, besseren wirtschaftlichen Lebensführung. Nicht einmal ein Auto benötigten sie; ihnen reichten die öffentlichen Verkehrsmittel, Bahn und Bus. Damit fuhren sie hin und wieder am Wochenende hinaus in die freie Natur, um zu wandern. Proviant nahmen sie von daheim mit, verteilt auf drei Rucksäcke.

Die den Nachbarn gegenüber in der Stadt ausgeübte Zurückhaltung verschwand hier draußen in der Stille der Natur. Sie sangen fröhliche Wanderlieder, unterhielten sich untereinander, oft auch mit Wanderern die ihnen begegneten und freuten sich auf ein abschließend-genüssliches spätes Frühstück. Es war kein brunchen, kein ausgedehntes reichliches Frühstück, aber lecker: es gab Vollkornschnitten mit Honig als Brotaufstrich.

Familie N. hatte in früheren Tagen auch mehrmals mit Familie H. einen gemeinsamen Wandertag unternommen. So wusste Herr H. auch, dass Frau N. auf ihren Ausflügen Kräuter für Tee und Suppen sammelte. Sie war im

Stadtmietshaus ohnehin eine hilfreiche Samariterin. Sie habe einmal gesagt, dass sie gern anderen Menschen helfen und dabei eine tiefe innere Zufriedenheit empfinden würde.

Sie hatten den alten Kontakt aufrechterhalten, telefonierten viel miteinander und einmal war Familie N. bei Familie H. auf dem Land zu Besuch...

Während unserer Unterhaltung sagte mir Herr H.: „Ich glaube, wir haben viel von der gelobten Bescheidenheit der Familie N. gelernt und übernommen...

6.3 Gutverdiener

Herr G. ist junger Dipl. Ingenieur, verheiratet mit seiner großen Liebe, einer aufgeschlossenen, liebenswerten jungen Frau. Sie haben gemeinsam zwei süße Kinder im Schul- und Kindergartenalter.

Herrn G. kenne ich schon seit seinem Schulzeitalter. Er wohnte bei seinem geschiedenen Vater auf dem „Hof am Hang", überwiegend von seiner Großmutter erzogen. Seine Mutter hatte den Hof sehr früh verlassen, ihren jüngsten Sohn mitgenommen und die beiden älteren Geschwister, Bruder und Schwester, beim arbeitsüberlasteten Vater gelassen. Erst Jahre später heiratete sein Vater wieder. Seine Stiefmutter ist eine Frohnatur, der Vater glücklich.

Nach Abitur und Studium begann der Ernst des Lebens, das stressreiche Berufsleben, aber für Herrn G. nun weit ab vom elterlichen Hof.

Während dieser Zeit hatte sich Vater G. mit seiner Frau im Scheunenanbau des Hofes eine eigene Wohneinheit, ein Nest der Behaglichkeit gebaut. Im großzügigen Wohnhaus der 20er-Jahre ließ er seine Mutter, die Altbäuerin weiterhin wohnen. Obwohl Vater G. mit seinem Bauernhof ein gutes Einkommen hatte, blieb er stets bescheiden. Ohnehin war er ein gelassen-kluger Typ, seiner Familie stets ein Vorbild.

Eines Tages starb die Altbäuerin und das wohnräumige Haus stand leer. Längst hatten sich Vater G. und seine Frau über Jahre an ihr behagliches Zuhause im ausgebauten Anbau gewöhnt, sie wollten dort wohnen bleiben. Und urplötzlich stand die Lösung ins Haus, die Jungfamilie G. Herr G. wollte zurück aufs Land, liebte den idyllisch gelegenen Hof am Hang, die ausstrahlende Ruhe der Natur. Hier hatte er seine Kindheit und Jugendzeit verlebt und – seine Frau konnte sich glücklicherweise in die Gedankenwelt ihres Mannes hineinversetzen…

Vater G. wusste, dass er der letzte Bauer einer langen Ahnenreihe sein würde. Ein Jungbauer, der bei ihm gelernt hatte, nun aber den elterlichen Hof bewirtschaftete und mit Vater G. auch gemeinsam die Ländereien des Hofes am Hang, war bereit, diese Ländereien später zu pachten. Von daher war Vater G. froh, dass wieder Leben ins Haus kam, er übertrug das leerstehende Haus seinem Sohn.

Während viele Häuser im Ort leer standen, weil junge Leute lieber in der Stadt, der Nähe ihrer Arbeitsstellen lebten, zog es hier eine junge Familie zurück aufs Land. Doch mit der Übernahme des Hauses begann für den jungen Herrn G. und seiner Frau eine selbst auferlegte Verpflichtung, das in die Jahre gekommene Haus nach ihren Vorstellungen zu erneuern, instand zu setzen und eigene Umbauten einzuplanen.

Die genügsame Wesensart von Herrn G. und die wundersame angeborene Gelassenheit von Frau G. ließen zu, vom gemeinsamen Einkommen Geld für ihr Vorhaben abzuzweigen. Nach und nach nahmen ihre Vorstellungen Gestalt an. Papa G. und Mutter G. halfen wo es möglich war, umsorgten vor allem die Enkelkinder. Inzwischen hatten sie mit Wohlwollen erkannt, dass im leerstehenden Wohnhaus wieder Leben eingekehrt war, aber auch, dass die jungen Leute mühsam erarbeitetes und erspartes Geld in das Landhaus am Hang investiert hatten, um kostbares Erbgut zu erhalten.

Bei den jungen Menschen waren es Selbstwertgefühl und gesundes Selbstvertrauen was ihnen zur Seite stand.

Eines Tages werden Herr G. und seine junge Familie die vorgegebenen Vorstellungen verwirklicht haben. Eine optimistische Einstellung und viel Zuversicht, aber auch wertvolle Familienharmonie haben geholfen, dem Hof am Hang sein altes und doch aufgefrischtes Gesicht wieder zu geben…

6.4 Besserverdiener

Herr B. war als promovierter Physiker auf Rat eines Bekannten unmittelbar von der Arbeitsstätte Universität (Assistent) in die freie Wirtschaft gewechselt. B. ist nun seit Jahren Besserverdiener mit erhöhter, ja stressiger Arbeitsbelastung, lebt aber privat mit großem Herzen und wertvoller sozialer Einstellung.

Die Eltern von Herrn B. sind pflegebedürftig und inzwischen in einem Pflegeheim untergebracht. Bis zur Unterbringung hatte B. seine Eltern liebevoll am Wochenende fürsorglich betreut, an den übrigen Wochentagen half der Pflegedienst. Da nur die Mutter dement war, konnte auch der Vater hilfreich zur Seite stehen. Die Einweisung in ein Heim hatte Herr B. bewusst verzögert, um seine Eltern im Alter weiterhin beisammen zu lassen. Er wusste aber auch, dass Rente, Pflegegeld und geschrumpftes Erspartes für die Pflegekosten nicht ausreichen würden, sodass es für ihn kostenträchtig werden könnte. Einige Jahre ging die Betreuung der Eltern in den eigenen vier Wänden fast reibungslos. Doch dann konnte der Vater, wochentags allein mit seiner Frau, aber mit Unterstützung des Pflegedienstes, die Gesamtbetreuung nicht mehr bewältigen. Nun sind beide im Pflegeheim. Doch auch hier sind Mutter und Vater in einem etwas größeren Zimmer **gemeinsam** untergebracht. Herr B. und auch sein Vater glauben, dass es für die demenzkranke Mutter hilfreich wäre. Sehr förderlich ist, dass der Sohnemann, Herr B., Woche für Woche samstags bis sonntags seinen Eltern hilfreich zur Seite steht und gut ist, dass er als Besserverdiener nicht unbedingt finanziell sehr eingeengt wird, denn auch sein ererbtes Fachwerkhaus benötigt Erhaltungskosten.

Doch die innere Einstellung von Herrn B., die Fähigkeit, vor allem in schwierigen Situationen unvoreingenommen Haltung zu bewahren, half ihm sehr. Auch wohlwollende Ratschläge seines Umfeldes sind hilfreich, um Probleme und Problemchen zu bewältigen. Vielleicht haben aber auch seine früheren Nebentätigkeiten als Sanitätshelfer des DRK wertvolles bewirkt...

Jedenfalls dürfen die Eltern auf ihren Sohn stolz sein, vor allem der Vater, der die liebenswerte Betreuung und vielschichtigen Hilfen seines aufmerksamen Sohnes auch im Alter wahrnehmen darf...

6.5 Vermögende

Fast zwangsläufig kommen die Gedanken auf, dass **mehrere hunderttausend Euro-Jahresverdiener** so gut wie nie bescheiden oder gelassen sein könnten, wohl aber anspruchsvoll oder anmaßend, unruhig oder stressig. Vielleicht, vielleicht auch nicht, jedenfalls darf man Vermögende nicht generell als gierige Menschen ansehen. Auch bei Bestens-Verdienern zählen Bedürfnisse, erzieherische Entwicklung, Verantwortungsbewusstsein, vereinfacht ihre Charaktereigenschaften.

So kenne ich einige, die trotz Villa am Stadtrand, aber E-Auto und Gemüseanbau im eigenen Garten mit innerer Ruhe und Gleichmut ihr Leben mit Harmonie, innerer

Zufriedenheit wie Lebensfreude gestalten. Im Beruf hilft ihre Besonnenheit, im Umgang mit Mitarbeitern und Gästen überstrahlt ihr gelassenes Erscheinungsbild.

Und so einem Menschen bin ich näher begegnet; er ist nur einer unter vielen. Herr HM. ist Geschäftsführer eines Zubringerbetriebes. Sein im Laufe der Jahre erspartes Geld hat er gewinnbringend, auch heute noch, angelegt. Seine Frau ist Führungskraft in der Verwaltung, die drei Kinder studieren. In ihrem Haus leben sie sehr zurückgezogen, haben eine treue, langjährige Hausdame, Köchin, Ratgeberin, Hüterin des Hauses. Sie hat eine kleine Wohnung im Haus, frühstückt und isst gemeinsam mit der Familie. Eine kleine Ausnahme gibt es, wenn nicht Freunde, sondern Geschäftspartner eingeladen sind.

Man könnte annehmen, Herr HM. habe eigens für Spenden ein Konto eingerichtet. Er spendet nicht nur für Hilfsorganisationen, die Menschen, Tieren helfen und Kulturgüter schützen, sondern auch für Katastrophenopfer weltweit; ein Mensch **der teilen kann.**

Im eigenen Gemüsegarten sind häufig Frau HM., die Hausfee und hin und wieder mit aufgekrempelten Ärmeln und Jeanshose Herr HM. zu sehen.

Ich hoffe, dass Herr HM. in seinem personalstarken Betrieb den richtigen Personalchef eingesetzt hat, der Personalkrisen und Probleme mit genügend Abstand betrachtet, menschlicher Ruhepol ist und **nicht** nervös und planlos entscheidet. Dann wird auch die Arbeitswelt um Herrn HM. harmonisch und erfolgreich sein…

6.6 Politiker

Wir wissen, wie umfangreich die vielschichtigen Aufgaben unserer Politiker sind.

Bei regierenden Politikern darf man annehmen, dass sie fähig sind, die vorgegebene Verantwortung auch bewusst wahrzunehmen. Denn wenn sie entscheiden, müssen sie auch die **Folgen ihrer Entscheidung vorausdenkend erkennen** können. Doch bei 50 bis 90 Stunden pro Woche Arbeitsleistung der Berufspolitiker gehen nicht nur die schwerstbelasteten **Regierenden, Fraktions-** und **Parteichefs** bis an ihre Grenze des Blutdrucks, sondern zum Teil auch die über 600 **Abgeordneten** des Bundestages mit ihren zwei- bis dreifachen Arbeitsbereichen:

- Sitzungen (Plenar-, Fraktions-, Ausschuss- u.a.)
- Wahlkreisbetreuung (vielschichtig)
- ggf. Nebentätigkeiten

Als politische Vertreter des Volkes dürfen sie nicht aufgeregt, nervös, unruhig, ja stressig agieren oder mit emotionalem Aspekt, sondern müssen bei allen Vorgaben wie ein Fels in der Brandung Krisen und Probleme mit innerer Ruhe betrachten und ggf. lösen können.

Bei so erheblichen Stresssituationen wird es schwerfallen, ohne Hetze zu planen und entschlossen zu sein.

Vielleicht hilft es zu wissen, dass kluge Entscheidungswillige mit menschlicher **Gemütsruhe** und **Ausgeglichenheit** in der **Beliebtheitsskala** – auch bei Wahlen – ganz **oben** stehen…

6.7 Millionäre – Milliardäre

Was hat ein Millionär oder Milliardär mit Gelassen- oder Bescheidenheit zu tun? Bei einem solchen Vermögen fallen dem einen oder anderen sicherlich andere Begriffe ein wie „Leben ohne Sorgen", „Geld wie Heu", „Urlaub ohne Ende", aber auch Unausgeglichenheit oder Überheblichkeit. Doch ich bin sicher, ein hoher Anteil sehr reicher Menschen lebt trotz ihres Reichtums nach ihrer eigenen Lebensart **sehr diszipliniert.** Wir dürfen auch nicht vergessen, Reiche und Superreiche sind einmal selbst oder ihre Väter **einfach** und **bescheiden angefangen.**

Mir fallen zwei **Millionäre**, zumindest Vermögensmillionäre ein, die aus einem dorfähnlichen Städtchen stammen. Der eine war Schlosserlehrling in einer Schlosserei und der andere Lehrling im elterlichen Holzverarbeitungsbetrieb. Beide haben mit Unternehmergeist, Fleiß und Risikobereitschaft ihre Firmen aufgebaut. Und wie zu erwarten war, haben sie ihre innere Einstellung, Geld zusammenzuhalten, klug zu wirtschaften, Maß zu halten und vieles mehr an Bescheidenheit beibehalten. Natürlich konnten beide später eine komfortable Freizeit- oder Wohnkultur entwickeln und manchmal wurde ihnen bewusst: „Weniger ist mehr". Und ich persönlich weiß, beide haben in ihrem Umfeld eine gewisse Gelassen- und Bescheidenheit immer wieder gelebt…

In der Nachkriegszeit war ich während der 50er-Jahre beruflich in Essen beschäftigt.

Von Arbeitskollegen – sie wohnten in Essen-Schonnebeck – erfuhr ich von dem bereits 1913 gegründeten Tante-Emma-Laden Albrecht, und dass Sohnemann Theo vor dem zweiten Weltkrieg eine Lehre bei seiner Mutter gemacht habe. Sein Bruder Karl sei zwei Jahre älter. Damals war es interessant von Albrechts zu erzählen, weil sie dabei waren, mehrere Geschäfte einer Lebensmittelkette aufzubauen und eines in der Nähe eröffnet worden war. „Da ist alles billiger…", tönten meine Kollegen und ich kaufte, neugierig geworden, Butter und Kleinigkeiten ein. Aber nicht aus geordneten Verkaufsregalen, sondern noch aus geordneten Kartons und Kisten. Zwei Männer packten fleißig beim Stapeln von Kartons und Kisten mit an, danach habe ich sie in dem Geschäft nie wieder gesehen. Erst Jahre später wurde mir bewusst, dass mein Gesprächsgeplänkel mit den jugendlich aussehenden Kaufleuten die Albrecht-Brüder waren. Aus Albrecht-Discounter wurde schlicht **Aldi**, aus Theo und Karl Vielfach-**Milliardäre**…

Wie das Umfeld wusste, wurden die Albrecht-Brüder in Essen-Schonnebeck zur Bescheidenheit und Sparsamkeit erzogen. Sie lebten sehr zurückgezogen bis ins hohe Alter. Man darf annehmen, dass manche mildtätigen, kulturellen oder sonst helfende Spenden der Aldi-Brüder geflossen sind, ohne dass sie ihre Wohltätigkeiten öffentlich vermarktet haben. Sie geben auch heute noch hin und wieder ein wenig Beispiel ab für die deutschen Superreichen. Diese spenden unmittelbar an Hilfsorganisationen ohne es öffentlich zu machen oder gründen eine Stiftung, die sich mit einer Organisation zusammenschließt, sie selbst bleiben aber im Hintergrund.

Natürlich gibt es auch wohltätige deutsche Superreiche, die öffentlich bekannt sind, so Unternehmer Otto, der mehrere kleine Stiftungen gründete, um die Dürre oder Armut in Entwicklungsländern bekämpfen oder SAP-Gründer Hopp, der mit einer großen Stiftung soziale Vorgaben wie Pflegeheime, Sport, Forschung und seinen Spezi-Sportverein fördert. Diese Stiftung „ernährt" sich von den Dividenden der von Herrn Hopp geschenkten SAP-Aktien, eine gesicherte Finanzierung für Wohltaten.

Wenn wir über den Teich zu den über 400 Milliardären in den USA schauen, werden wir feststellen, sie vermarkten ihr Spenden wie eine Industrie, die sie produziert, wirkend wie ein Menschenfreund-Kapitalismus. Die Initiative ging von Microsoft-Mitbegründer B. Gates, seiner Frau und Investor W. Buffet aus, ein **freiwilliges Versprechen** von Milliardären weltweit, **etwas herzugeben** („The Giving Pledge"). Ein großer Anteil amerikanischer Milliardäre will die Hälfte ihres Vermögens spenden. So ist inzwischen durch umfangreiche Milliardär-Stifter ein Hilfsvolumen entstanden, das zum Teil höher ist, als das von Hilfsorganisationen. Die Privatstifter jonglieren zwar an Steuern vorbei, aber ihre Stiftungsgelder helfen Entwicklungsländern, u.a. bei der Trinkwasserversorgung, Krankheitsbekämpfung, den Hungersnöten. Aber auch in Amerika selbst fließen Stiftungsgelder z.B. in das Schulsystem, die Forschung, an Universitäten, für die Vereinten Nationen.

Von den 400 Milliardären der USA haben nach sechs Jahren über 120 bereits das o.g. Versprechen abgegeben, auch aus Afrika, Asien, Australien und Europa, sodass weltweit über 150 Milliardäre das Versprechen, „etwas herzugeben" abgegeben haben.

Leider werden die astronomischen **Summen** der für Hilfen vorgesehenen Stiftungsgelder **nicht** nach einem **Haushaltsplan koordiniert wirksam eingesetzt**, sondern nach den Vorlieben der Stifter. Damit werden zwangsläufig aber schon im Vorfeld Stiftungen und Spenden bei der guten Tat für Menschen weltweit erheblich geschwächt.

Man sollte jedoch Verständnis aufbringen für Stifter, die nach ihren eigenen Vorstellungen ihre Stiftungsgelder einsetzen.

Wir alle wissen, dass Schauspieler, Sänger oder sonstige bekannte Persönlichkeiten **eigene Privatstiftungen** haben und die Gelder nach ihrer ureigenen Betrachtungsweise einsetzen.

Dies gilt für **kleine Spenden** sowie für kleinere Privatstifter sinngemäß.

Entscheidend sind die hilfreichen **Wohltaten** der Spender.

In Deutschland werden allgemein Stiftungen und Spenden nicht so sehr amerikanisch-öffentlich vermarktet, sondern hier bleiben Stifter und Spender eher zurückgezogen im Hintergrund, fast wie einst die Aldi-Brüder Th. und K. Albrecht. So auch der Lidl-Gründer Schwarz, die Quandt-Erbin S. Klatten, IT-Pionier A. von Bechtolsheim und einige andere. Es ist auch ein offenes Geheimnis, dass Mehrfach-Milliardäre nicht bombastisch leben, prahlerisch ihren Reichtum öffentlich machen. Vielmehr sind sie häufig zur Sparsamkeit erzogen worden, sehr diszipliniert und respektieren die Arbeitswelt. Und diese charakterliche Grundhaltung wird sich nur selten ändern, auch nicht wenn das Vermögen steigt, gar in die „Vielfach-Milliarden". Vielleicht hilft eine Aussage von Frau S. Klatten, diese Denkart zu bestätigen. Sie sagte sinngemäß, **Geld würde nicht bewerten, was oder wer sie sei. Es würde einen Vorhang vor sie ziehen. Sie möchte aber als Mensch gesehen werden...**

6.8 Ruheständler – Rentner

Vor einiger Zeit traf ich Herrn R., Jahrgang 1951 und er erzählte mir, er habe bis zum letzten Tag im Mai 2016 gearbeitet, dem Monat der Vollendung seines 65. Lebensjahres; nun sei er aber Rentner. Im Laufe des Gesprächs erfuhr ich von ihm, dass er sich sehr mit seinem künftigen **Rentnerleben** beschäftigt hatte. Es war ihm bewusst, dass sich sein bisheriges Leben der Vollbeschäftigung verändern würde, so der Tagesablauf, die Finanzen, der Freundeskreis. Seinen Wohnort hatte er vor einem Jahr gewechselt, die Art der Beschäftigung, häusliche Pflichten und einiges mehrbegonnen, mit dem Partner zu teilen.

Zunächst hatte er aus finanziellen Gründen (Rentenhöhe) bis zur Vollendung seines 65. Lebensjahres gearbeitet. Mit dem Ergebnis von rund 1.380 Euro monatlich plus einer kleinen Zusatzrente war er zufrieden. Darüber hinaus war ihm bewusst geworden, dass er seine sozialen Kontakte, Erfolgserlebnisse, Kommunikationen, strukturellen Tagesabläufe hilfsweise auch in seinem Rentnerleben als quasi Kontaktfaktoren entwickeln musste. Vor allem hatte er vermieden, zu früh in Rente zu gehen.

Bei seinem Arbeitskollegen hatte die „frühe Rente" nur geschadet. Er fühlte sich plötzlich einsam, bekam Depressionen, war enttäuscht, hatte eine geringere Rente und seine Gesundheitsprobleme nahmen zu, die Lebensfreude wurde reduziert.

Nein, nein, das war bei Herrn R. völlig anders. Im Gegensatz zu seinem Kollegen hatte er sich vorgenommen, nicht wieder an den alten Arbeitsplatz zurückzukehren. Glücklicherweise stimmte es auch mit seiner Gesundheit und er tat einiges dafür. So joggte er jeden Morgen vor dem Frühstück, half seiner Frau im Haushalt, machte gemeinsam mit ihr nachmittags ausgiebige Spaziergänge, hatte sich bereits in der Gemeinde eingebracht und vieles mehr. Er genoss einfach die neue partnerschaftliche Gestaltung der Tagesabläufe.

Im Spätherbst traf ich ihn braungebrannt wieder. Doch meine Annahme, dass er in irgendeinem fernen Land seinen Bräunungsurlaub gemacht hatte, traf nicht zu, die heimatlichen Sonnentage hatten ausgereicht. Er erzählte mir von seinen gemeinsamen Tagesausflügen mit seiner Frau. Nachmittags fuhren sie mit dem eigenen Wagen und entdeckten die eigene Umgebung, aber auch immer mehr ihre richtige Entscheidung, für das jahrelang Ersparte ein kleines Häuschen in ländlicher Umgebung gekauft zu haben. Der sehr günstige Preis habe dies möglich gemacht. Doch nicht nur die nähere Umgebung erkundeten sie, sondern auch die 100 bis 200 km entfernt liegenden historisch bekannten Kulturorte mit Hilfe von Tagesfahrten per Bus...

Ich hatte den Eindruck, hier genoss ein Rentner seinen wohlverdienten Ruhestand. Seine eigenen Vorbereitungen, sein kluges Herangehen an die neuen Veränderungen hatten ihn nicht nervös und stressig, sondern gelassen-bescheiden werden lassen, sein Wunschdenken wurde zu einem lebenswerten Rentnerleben der Zufriedenheit.

Als vor kurzem **Jugendliche,** knapp über 20 Jahre jung, bei einer **Umfrage** nach ihrer **Vorstellung** über ein **späteres Rentenleben** Aussagen machten, kam u.a. in ihrem gedanklichen Kopfkino dieses Geistesgut vor:

- im Arbeitsleben Geld sparen um gut leben zu können,
- häufige Familientreffen,
- sich in der Gemeinde einbringen, vielleicht im Altenheim in der Betreuung,
- Leben genießen, Reisen,
- Handarbeiten,
- Wohnung oder Häuschen während des Arbeitslebens kaufen,
- in den wärmeren Zonen des Auslands leben,
- sich ehrenamtlich engagieren,

- während des Arbeitslebens mit wenig auskommen, dann braucht man im Alter nicht viel,
- Bücher lesen, im Alter ein wissender Mann sein,
- sich an Enkelkindern erfreuen.

Soweit Teil einer Gedankenreihe Jugendlicher über das Rentnerleben.

Auch **vermögende Menschen** werden nach ihrem „Geldquelle-Berufsleben" in die Jahre gekommene **Ruheständler** werden. Im persönlichen **Umfeld** wird es sicherlich erheblich anders aussehen als im Rentnerleben der Normal- bis Besserverdiener. Aber beim persönlichen **Verhalten** des **älter werdenden Menschen** verschwinden sehr oft unstetes, nervöses oder stressiges Verhalten und **Gelassenheit** gewinnt an Platz; es beginnt die Ausgeglichenheitsphase des Ruhestandsdaseins mit der **Erkenntnis**, dass ein Leben in Gelassenheit das Leben der Gegenwart ist und der bescheidene Mensch sich noch über alltägliche Dinge erfreuen kann. Leider gibt es (zu) viele Menschen, die sich gar nicht mehr erfreuen können, sie nehmen „Alltägliches" einfach nicht mehr wahr. Doch dann plötzlich, als **gelassener Ruheständler**, nimmt man sie wieder wahr: die **summenden Bienen, duftende Rosen, rauschende Bäume**, das **Plätschern des Baches** oder **Zwitschern der Vogelwelt**...

6.9 Sich bescheiden

1930er-Jahre

Ich selbst habe diese Jahre vor dem zweiten Weltkrieg als Kind miterlebt, mitten im Ruhrgebiet. Es war eine Zeit der **lebensnotwendigen Bescheidenheit**. Meine Eltern waren aus Nordhessen in den 20er-Jahren ins Ruhrgebiet ausgewandert. Hier fand mein Vater einen sicheren Arbeitsplatz mit spärlichem Lohn, etwas über 100 Reichsmark netto abzüglich 30% Miete (32 RM), sodass noch rund 75 Reichsmark für Lebensmittel und Kleidung übrig blieben.

Wir wohnten in einem Wohnblock mit acht Hauseinheiten, in dem mehr als 100 Familien Platz fanden. In unserer Wohneinheit wohnten 13 Familien und trotz dieser hohen Familienzahl innerhalb eines Hauses, **nachbarschaftliche Hilfe** u.a., d.h. „gute Nachbarschaften" waren ein Selbstverständnis.

Der Häuserblock mit Namen „Familienwohl" war umgeben von Gärten, Feldern, Wiesen und zwei Bauernhöfen. Doch einige hundert Meter weiter begann eine düstere „Industrielandschaft", Teile des Industrieviertels mit Zechen, Hütten und ihren schwarzen Berghalden, überragt von Fördertürmen und qualmenden Schornsteinen. Und mittendrin war unser kleiner städtischer Vorort mit seinen dunkelgrauen Geschäfts- und Wohnhäusern. Wir erreichten diesen Stadtteil über einen Aschenweg, der durch unsere Gärten, bäuerliche Felder und Wiesen verlief.

Glücklicherweise hatten wir vor unserem gesamten Wohnblock Gärten, die von den Bewohnern des „Familienwohls" gepachtet werden konnten, auch meine Familie hatte zugegriffen. So säten, pflanzten und ernteten meine Eltern Jahr für Jahr reichlich aus unserem Garten, gleich für den Winter mit. In Nordhessen, der Heimat meiner Eltern, schlachteten sie jährlich ein Schwein. Jedenfalls gelang es meinen Eltern, auch mit dem geringen Lohn des Alleinverdieners „Papa" dank ihrer klugen Haushaltsführung bescheiden und in dieser Zeit nie hungernd mit einem gewissen Seelenfrieden über die Runden zu kommen...

1945 bis 1948

Im November 1945 kam ich aus der amerikanischen Kriegsgefangenschaft über Nordhessen (Heimat der Großeltern) ins Ruhrgebiet zu meinen Eltern zurück, hinein in die Zeit der Hungersnot. Zwar hatte der Alltag mich wieder, meine Eltern ihren einzigen Sohn und die 13 Familien in unserer Wohneinheit einen Mitbewohner mehr. Aber die Ernährungsprobleme im zerbombten Ruhrgebiet waren groß. Hinzu kamen der Rückfluss der Evakuierten, der Kriegsgefangenen und der starke Zuzug von Flüchtlingen, die in zerstörte Wohngebiete zusätzlich Wohnungs- und Hungersnot brachten. Die tägliche Geldentwertung kam noch hinzu, sodass zwangsläufig der „Schwarzmarkt" blühte, denn Lebensmittelkarten allein lösten die Ernährungsprobleme der Bevölkerung nicht. In dieser Zeit fiel es jeder Familie schwer, auf solche Hungersnot gelassen zu reagieren, man wurde auch beim „täglichen Brot" zur Bescheidenheit gezwungen...

Möge **nie wieder ein Krieg**auf Deutschland zukommen, der alles zerstört, Millionen unschuldige Menschen sterben lässt, der Nachkriegszeit Wohnungsnot und Hungerqual beschert. Gut 70 Jahre lang haben wir das geschafft und die wertvolle Erkenntnis lautet: „Verhandeln ist besser, als sich zu bekriegen..."

Am 20. Juni 1948 wurde dann der Verfall der Reichsmark, sie war nur noch 0,01 Dollar wert, gestoppt. Es war der Tag der **Währungsreform**. Jeder Bürger in der Westzone erhielt **40 DM** und seine **Spareinlagen** wurden im Verhältnis **100 RM** zu **6,50 DM** abgeschmolzen. Der Arbeitslohn lief jedoch im **1:1-Verhältnis** weiter. Die deutschen Bürger konnten aufatmen. Zwar waren nun ausnahmslos alle Geschäfte prall mit Waren gefüllt, doch der überwiegende Teil der Bürger ging mit der neuen **Kaufkraft** der **DM** fast zärtlich-sparsam, ja sehr bescheiden um...

6.10 Leben wie vor 100 Jahren

Wir schreiben das Jahr 2016 und über „FFF" (**F**unk, **F**ernsehen und **F**achartikel, auf Webseiten und in Zeitschriften) hören und lesen wir, dass Millionen Menschen in Deutschland mit einem Einkommen um rund 700 bis 900 Euro die Armutsgrenze erreichen oder überschreiten.

Wirklich?

Wie so oft bei Nachrichten: „nein" und „ja"...

Für eine Familie mit z.B. einem kranken Ernährer sicherlich „ja", aber für andere Familien und Einzelpersonen zweifelsfrei „nein". Es gibt „hier und dort" kleinere „Nebenjobs" oder man muss wieder lernen, sparsamer, ja bescheidener zu leben.

Ich erinnere mich persönlich, dass ich nach der Währungsumstellung 1948 um 100 DM netto als Angestellter verdiente. Schon ein Jahr später musste ich meine kleine Familie mit diesem „geringen" Einkommen ernähren. Die Mieten betrugen damals grob 35% des Einkommens. Trotzdem fühlten wir uns nicht „arm", vielleicht angewiesen, sparsam zu leben…

Vielleicht hatten wir in der damaligen Zeit einen „kleinen Vorteil". Der Anreiz zu kaufen war auf notwendigen Bedarf beschränkt, die Werbung, um Kauflust zu wecken war zu harmlos und – es gab noch keine Kaufmöglichkeit über Internet. Vermutlich ist der Kaufanreiz in der heutigen Zeit wie eine Flutwelle, die Menschen einfach überrollt, sie arm aussehen lassen, obwohl sie es gar nicht sind. Denn nur, weil der Geldbeutel nicht hergibt, was der Kaufrausch beeinflusst, macht allein nicht arm.

Von daher möchte ich über das Ehepaar L. erzählen. **Sie leben** im Jahr 2016 so **wie vor 100 Jahren**. Sie wünschen es so, und nicht anders zu leben. Aber, finanziell brauchten sie es wirklich nicht. Vor gut 15 Jahren habe ich sie auf einem Straßenfest einer Kleinstadt wiedergetroffen und – seitdem sind wir gute Freunde, haben manche gemütliche

Stunde miteinander verbracht. Aus ihrem bescheidenen und arbeitsreichen Leben machen sie keinen Hehl.

Ihr „bewegender" **Tag beginnt** nach der morgendlichen Toilette mit dem Anmachen des **Küchenherdes** (Altmodell) mit **selbst gesammeltes Anmachholz** und Holzscheiten. Das Kaffeewasser wird auf dem Herd in einem Wasserkessel gekocht, um dann von Hand Malzkaffee für den Frühstückstisch aufzubrühen, natürlich in einer Porzellankaffeekanne. Herr und Frau L. richten das Frühstück gemeinsam. Der Frühstückstisch steht in der Küche, gedeckt mit altem Porzellangeschirr, selbstgemach-ter Marmelade, Brot, Margarine und mit einem Bilderbuchpanorama-Fensterblick. Während Herr L. den gemeinsamen Frühstückstisch vorbereitet, holt Frau L. Kräuter aus dem Garten, um mit den frischen Kräutern zusätzlich Tee aufzugießen. Zusammen wird gefrühstückt. Je nach Jahreszeit arbeitet Herr L. dann im **Garten**, holt aber vorher noch Kartoffeln aus dem Keller und Gemüse aus dem Garten. Oft schält er auch Kartoffeln und „putzt" das Gemüse. Danach wartet die Gartenarbeit auf ihn. Frau L. bereitet dann das Mittagessen zu, aber nicht auf einem modernen Elektroherd, sondern auf einem **Herdmodell** der 20er-Jahre – über **Holzfeuer**...

Ohne den Tagesablauf weiter aufzuzählen ist interessant, dass **ohne Waschmaschine** (es gibt keine) gewaschen wird, also von Hand und – mit gesammeltem **Regenwasser**. Nach der Wäsche werden die Wäschestücke auf der **Leine getrocknet** und das gesammelte **Laugenwasser** für die **Toilettenspülung** genutzt. **Kühl-** **und**

Tiefkühlschrank sind **n i c h t** vorhanden. Der sehr
kühle Keller und ein entsprechender **Vorratsschrankrei-
chen voll aus.**

Zur **Erntezeit** werden **Himbeeren, Brombeeren, Heidel-
beeren** und **Holunderbeeren** gemeinsam **gesammelt**, vor
allem für Marmelade und Gelee. Auch **Obst** wird von **her-
renlosen Bäumen** gepflückt oder aufgesammelt (Mirabel-
len, Kirschen, Pflaumen, Birnen, Äpfel u.a.m.) und verar-
beitet (in **Gläsern eingekocht**, auch für Marmelade/Gelee
verwertet) oder aber **gelagert** (Äpfel).

Bei aller Bescheidenheit gibt es aber einen besonderen **Lu-
xus** der heutigen Zeit, den sich das Ehepaar L. leistet, und
zwar **fast täglich Autofahrten** von 12^{00} bis 17^{30} Uhr mit
dem dazugehörigen Kaffeetrinken sowie Fernsehen am
Abend (19^{00} bis 21^{30}). Losgelöst von den ausgesuchten
Zielorten, werden **Autofahrten** während der unterschiedlichen Wegstrecken für die **Ernteeinbringung(Obst und
Beeren)** sowie **Sammlung** von **brachliegendem Holz** (ko-
chen, heizen) **genutzt.** So wird im Winter tagsüber in der
Küche mit Holz geheizt und am Abend vor dem Fernseher
mit der Heizung im Wohnzimmer. Das gesammelte Holz
reicht gut für die Zeit des Heizens aus. Auch die **Lebensmitteleinkäufe** werden auf der Rückfahrtmit dem Auto bei
zuvor ausgesuchten **Discountern** getätigt.

Kostenersparnisse liegen in dem **geringen Strom** – (keine
Elektrogeräte) und **Wasser-/Abwasserverbrauch** (Nutzung von Regenwasser) sowie der **Heizungskosten**

(Heizung mit gesammeltem Holz). Hinzu kommt, dass **Kleidung** nur **wirtschaftlich**, von daher selten gekauft wird.

Bei den Lebensmitteln sorgen kostenloses Sammeln von Obst und Beeren und günstige Angebote von Discounter für preiswertes Kaufen. Die besonders **wirkungsvolle Sparsamkeit** mag sich aus der **persönlichen Bescheidenheit** und dem **arbeitsreichen Fleiß** der **Beiden** ergeben. Auf meine Frage, warum sie im fortgeschrittenen Alter dieses arbeitsintensive Leben führen, obwohl sie sich finanziell ein Leichteres leisten könnten, bekam ich von Herrn L. eine verblüffend überraschende Antwort: „**Wir halten** uns **damit beweglich** und **genießen notwendige Ruhepausen**…"

Übrigens beide sind schon in den **90er-Jahren** und kommen ohne Pflegedienst aus (er wurde im 91. und 92 Lebensjahr abgelehnt!), bereichern den Lebensabend mit ihren Autofahrten zusehens- und wissenswerten, oft historisch bekannten Zielorten…

Die bewusste, ja besondere Sparsamkeit in ihrer Lebensführung könnte bei oberflächlicher Betrachtung von manchem Bewohner des Ortes als Geiz angesehen werden. Aber genau diese Bewohner wären niemals bereit, tägliche Autofahrten über zig Kilometer und damit hohen monatlichen Benzinpreis von einigen hundert Euro in Kauf zu nehmen oder gar ein **arbeitsintensives Rentenleben** zu führen. Im Übrigen müssten dann alle Bewohner des Ortes vor

100 Jahren, Ur-Großmütter und -väter aufgrund ihrer bescheidenen Lebensweise als geizig angesehen werden.

Gerade die bewusste Haushaltsführung von Frau und Herrn L. ist die vielschichtige Art ihres aktiven und doch gelassenen Rentenlebens und ihrer Bescheidenheit, denn es bleibt ihre persönliche Einstellung zum eigenen Leben. Ihre freiwillige Einfachheit lässt sie erleben, was ausreichend für einen Menschen ist, denn Zufriedenheit und inneres Glück sind nicht von materiellen Werten wie Geld und Gut abhängig.

Vielleicht hilft hierzu nachfolgendes Erlebnis von Herrn und Frau L. anlässlich der öfter wiederholten weiter gelegenen Einkaufsfahrt von Wurstwaren. Auf der Rückfahrt halten sie stets an einem bestimmten Rastplatz einer Waldschneise, um selbst eine Vesperpause einzulegen. Fast zeremoniell wird der schwere Holztisch für dieses Vesper mit einem kleinen Tischtuch, Besteck und Frühstückskorb mit frischen Brötchen und einer hausgemachten Leberwurst gedeckt, die Bank mit zwei Sitzkissen belegt…

„Ihr glaubt gar nicht, was für eine Vorfreude wir auf unser Frühstück haben, die frischen Brötchen mit leckerer Leberwurst beschmiert…", er lächelte, „und dann der erste Biss hinein ins frische Brötchen, das ist ein Genuss, ein richtiges Behagen der inneren Zufriedenheit…", er lächelte ein wenig versonnen…

Die Beiden haben in ihrer einfachen Bescheidenheit sicherlich die innere Zufriedenheit gefunden.

6.11 Fortgeschrittenes Alter

In jungen Jahren wird dieser Gedanke kaum aufkommen, heute eher wegen der künftigen Rentenprobleme derzeitiger Jungbürger. Doch wenn Menschen älter werden, dreht sich das Gedankenkarussell um gute Lösungen über künftiges Wohnen.

Für ältere Menschen ist es immer ideal, wenn sie im fortgeschrittenen Alter ihr **Wohnungsumfeld beibehalten** können (Wohnung, Haus, Villa). Der wertvollste Fall des Alterns ist aber, kein Pflegegefall zu werden (siehe zuvor 6.10).

Vermögenden Menschen wird es selbst als Pflegefall leichter fallen, Regelungen zu finden, um in der heimischen Villa weiterhin wohnen zu können, z.B. eine ganztägige Pflegekraft als Unterstützung. Doch auch für alle übrigen Menschen bieten sich gute Lösungen an. So könnte auf einem Bauernhof der „Altensitz" helfen. Entweder übernehmen die Kinder die Pflege oder aber der Pflegedienst. Das gleiche gilt für alle Bürger, die Kinder haben, entweder übernehmen sie oder der Pflegedienst die Betreuung ihrer Angehörigen.

Eine andere Lösung ist das **Altersheim** (auch Pflegeheim, Altersresidenz, Seniorenheim, Altenwohnheim, Stift u.a. genannt) mit Pflege und Vollverpflegung. Vor allem dann, wenn man als älterer Mensch nicht mehr in der Lage ist, im Ablauf des täglichen Lebens Körperpflege, Ernährung, Mobilität und hauswirtschaftliche Versorgung zu verrichten. Für betroffene Menschen ist dies eine wertvolle Hilfe.

Wenn Angehörige sich oft nicht zumuten oder nur für einige Zeit nicht mehr in der Lage sind zu helfen, übernehmen diese Hilfe Pflegeheime, ggf. teilstationär.

Wenn aber Körperpflege, Mobilität, Ernährung und einfache hauswirtschaftliche Versorgung selbst verrichtet werden können, aber eigene Leistungen nicht mehr ausreichen, die große Wohnung, das Haus u.a. zu bewirtschaften, dem bieten sich kleinere Wohneinheiten im altenbetreuten **Wohnen** mit **Servicediensten** in Seniorenresidenzen an. Hierzu habe ich vor gut einem Jahr eine kleine Kurzgeschichte als „eigenes Erlebnis" geschrieben, die sich im wirklichen Leben so abgespielt hatte. Der Titel hieß: „Das Fenster zum Flur". Nachfolgend die Kurzgeschichte:

Das Fenster zum Flur

Bei näherer Betrachtung ist es gar kein Fenster, denn es kann nicht geöffnet werden. Also nur ein Fensterrahmen, ausgefüllt mit einer großen Glasscheibe, durch die man in den Flur schauen kann...

Es war wohl bei meiner ersten Besichtigung, als mir dieses „Fenster" zum Flur in der Küche unserer neuen Wohnung in der „Residenz für Wohnen mit Serviceleistungen" auffiel, von daher.

Im Juni 2015 ist meiner Lebensgefährtin das rechte Bein bis zum Oberschenkel amputiert worden. Nun mussten wir aus unserem Haus in Nordhessen ausziehen. Bei Überlegungen, ggf. bestimmte Räume im Haus umzubauen ergaben sich u.a. statische Probleme (…Türbreiten, Engpässe, Treppen), sodass wir „Betreutes Wohnen" als Zielvorgabe in unseren Vorgaben einbezogen. Inzwischen wohnen wir zwar in einem kleinen historischen Städtchen an der Weser in Ostwestfalen, aber es waren zuvor schon einige Hürden zu überspringen...

Denn plötzlich war alles anders, wir mussten behindertengerechtes Wohnen anstreben, aber wo? Eine liebenswerte Bekannte brachte eine Seniorenresidenz ins Gedankenspiel. Meine Tochter nahm diese Möglichkeit als Lösung auf und begab sich auf den Erkundungstrip.

Was wir nach Rückkehr meiner Tochter vornahmen, machte uns Mut, den Schritt zu einem neuen Anfang einzuläuten. Vorsorglich nahm ich an der nächsten Besichtigung teil, lernte den sehr aufgeschlossenen Leiter des Seniorenheims und der Residenz kennen. Zuvorkommend führte er uns zu den zwei freigewordenen Wohnungen. Nach den Besichtigungen und kleineren Vermessungen sagte mir die Wohnung in der ersten Etage zu.

Nun galt es, schnelle und zielgerichtete Vorbereitungen zu treffen. Zunächst erzählte ich meiner Lebensgefährtin über das Ergebnis der Wohnungsbesichtigung und wir besprachen meine Vorstellungen hierzu. Sie stimmte freudig unserem nun gemeinsamen Ergebnis zu, zumal für sie persönlich absehbar war, bald das Krankenzimmer in der Rehaklinik für Kurzzeitpflege mit einer Wohnung im Servicebereich des betreuten Wohnens in der Residenz zu tauschen.

Bei meiner Besichtigung war mir nicht nur das „Fenster zum Flur" aufgefallen, sondern auch, dass die Zimmer nicht mit Möbeln überladen werden durften, denn die Wohnung musste ja „rollstuhlgerecht" gestaltet werden. Von daher übernahmen wir nur die Küche und Waschgeräte, aber keine Möbel in den Wohnräumen. Letztere sollten mit neuen, vor allem wohnlich zweckmäßigen Möbeln eingerichtet werden.

Doch zunächst musste die Wohnung über Renovierung Gestalt annehmen, d.h. der Teppichboden wurde durch Holzlaminat (Buche) ersetzt und die Wände „altweiß" gestrichen. Fachleute und unsere Helfer begannen.

Ich hatte inzwischen den Kontakt mit dem Möbelhaus aufgenommen, weil wir Möbel aus massivem Holz (geölt) kaufen wollten. Die junge Dame, die mich beriet, machte dies ausgezeichnet. Pünktlich wurde geliefert und den Zusammenbau der Möbel übernahmen Verwandte von uns. Beim Einkauf der Möbel, Lampen etc. hatte meine Tochter mich unterstützt.

In unserem Haus in Nordhessen bereitete ich den „kleinen Umzug" vor, füllte Tragekisten mit Haushaltsgegenständen, Kleidungsstücken u.a. und Kartons mit Büchern u.a. für unser neues „Zuhause". Den Abtransport übernahmen auch wieder Verwandte und Freunde.

Im August 2015 zogen wir in unsere neue Wohnung.

Wir hatten es geschafft, waren beide sehr zufrieden...

Und ich möchte gerne erzählen „warum?". Denn wir waren aus einem größeren Haus in eine 2-Zimmer-Wohnung gezogen, mussten Eigentum für eine Mietwohnung verlassen. Doch diese Wohnräume in der Residenz werden unseren Behinderungen im Alter (Rollstuhlfahrerin mit 87 Jahren und 89-jähriger Gehbehinderter) sehr gerecht, ja sie sind auf uns zugeschnitten. Die **Küche** ist kompakt und für beide zugänglich, das **Badezimmer** geräumig, die Dusche ohne Hindernisse, flach zugänglich mit Halterungen. Außerdem sind im Badezimmer Waschmaschine und Trockner problemlos untergebracht. Die Toilette ist mit Sicherheitshalterungen versehen. Wichtig ist, dass die großflächigen Badezimmereinrichtungen der Rollstuhlfahrerin genügend Platz zur Benutzung lassen.

Von der **Diele** sind alle Räume erreichbar, auch der **Abstellraum**. Die **Wohnräume** haben wir so eingerichtet, dass meine Lebenspartnerin alle Möbel erreichen kann und genügend Raum für das Fahren mit dem Rollstuhl bleibt und – es wirkt wohnlich…

Ein Fast-Wohnraum im Freien ist unser **Balkon**, bei völliger Überdachung und stattlicher Größe. Er ist von beiden Wohnräumen begehbar.

Für den **Notfall** ist im Wohn- und Badezimmer ein Notruf eingebaut.

Die Zentrale des **Pflegedienstes** befindet sich im Haus und ist täglich präsent.

Drei **Aufzüge** sorgen für den Personen- wie Lastentransport innerhalb der zwei- bis dreistöckigen Häusergruppe.

Am Haupteingang befindet sich eine einladend gestaltete **Empfangshalle**; hier werden Besucher informativ von der Managerin des Hauses oder ihrer Vertretung an der Rezeption empfangen.

Die **Sprechanlage** am Haupteingang sichert Besuchern und Bewohnern eine notwendige Verständigung.

Für die Bewohner der Residenz finden regelmäßig **kulturelle Veranstaltungen** statt. Wer teilnehmen möchte, ist gern gesehen. Auch die Nutzung der **Gemeinschaftsräume** wird angeboten.

Bei Bedarf können entgeltspflichtige zusätzliche Leistungen (z.b. Reinigung, Einkaufen, Arztbesuche, Essen auf Rädern) in Anspruch genommen werden. So haben wir „**Essen auf Rädern**" zu Mittag abgerufen und – wir sind sehr zufrieden.

Soweit **Abfall** anfällt, kann er innerhalb des Hauses in einem eigens dafür eingerichteten Raum entsorgt werden.

Die örtliche Lage der Häusergruppe wird von einem Teil des **Grüngürtels** des Städtchens (Baumpark) und historischer Mauer umgeben. Von daher ist es ein sehr ruhig gelegenes „Plätzchen". Aber wir liegen trotzdem nur wenige Minuten von der „Marktstraße", dem Geschäfts-zentrum entfernt.

Die **Residenz** mit historischer Mauer und Baumpark-Grüngürtel bietet wirklich „Servicewohnen" im Herzen eines historisch-beschaulichen Städtchens in Ostwestfalen...

Der **Tagesablauf** beginnt mit dem **Pflegedienst** für meine Lebenspartnerin zwischen 7^{30} und 8^{00} Uhr. Nach der morgendlichen **Toilette** richte ich das **Frühstück**, decke den Tisch. Danach wird abgeräumt und gespült. Was sich meine Lebenspartnerin in gesunden Jahren im Küchenarbeitsfeld nicht nehmen ließ, habe ich nun übernommen. Bis zum Mittagstisch bleibt Zeit für die eigene Beschäftigung. Das **Mittagessen** wird uns zwischen 11^{00} und 11^{30} Uhr gebracht. Um kurz vor 12 Uhr essen wir zu Mittag. Danach wird wieder abgeräumt und gespült.

Oft folgt ein halbstündiger Mittagsschlaf.

Der Nachmittag ist ausgefüllt mit Unterhaltung, Lesen, Besuch, Frischluftgenuss auf dem Balkon, Einkäufen, schriftliche Notizen, Kaffeetrinken, verschiedene Erledigungen. Um 18^{00} Uhr wird der Abend eingeläutet mit Abendbrotverzehr und den zugehörigen Vor- und Abräumarbeiten.

Danach sehen wir die Nachrichten im Fernsehen und schauen eines der angebotenen Abendprogramme an oder lesen ein wenig.

Der zuvor erzählte „Kurzabriss" des Tagesablaufes hat natürlich verschiedene Varianten ohne sie im Einzelnen aufzuzählen.

Erzählenswert sind aber die uns erhalten gebliebenen Betreuungsmöglichkeiten aufgrund einer **Dreiländereckgeschichte**:

Unser in **Nordhessen** wohnender und in **Südniedersachsen** tätige **Hausarzt** übernimmt weiterhin die notwendigen Hausbesuche, nun in **Ostwestfalen**. Auch unsere bisherige **Fußpflegerin** und **Autowerkstatt**, beide aus **Südniedersachsen**, haben uns in **Ostwestfalen** Hilfe angeboten. Inzwischen wurden die Füße gepflegt und innerhalb einer Stunde eine erforderliche Autoreparatur vor Ort bewerkstelligt. Auch unser **Friseurehepaar** aus **Nordhessen** kommt, schneidet und frisiert uns in **Ostwestfalen**. Wir sind jedenfalls sehr dankbar. Und möglich machten es die nahe beieinander liegenden Orte im schönen Dreiländereck an Diemel und Weser.

Besonders wertvoll für uns ist, dass ausnahmslos **alle Mitbewohner** eine **liebevoll-nette Art** haben miteinander umzugehen. Hier ein freundliches Wort, ein Gespräch, dort eine höfliche Geste, eine leichte Hilfe liebenswerterweise helfend, vor allem bei dem Rollstuhl. Besonders angenehm empfindet meine Partnerin gemeinsame Betreuungsstunden (u.a. morgendliche Gymnastik, Singnachmittage), die Rückfahrthilfe mit dem Rollstuhl und des Öfteren das kurze Plauderstündchen mit viel Wissenswertem aus unserem neuen Umfeld, oder Busfahrten mit unseren netten Mitbewohnern.

So muss abschließend noch der wertvolle **Pflegedienst** im Haus, die Hilfe für pflegebedürftige Mitbewohner hier in der Residenz aufgezeigt werden. Er zeigt uns die erstrebenswerte Idee des Guten als Verantwortung für die Lebensgestaltung des Pflegebedürftigen auf. Jedenfalls hat der Pflegedienst meine Lebenspartnerin hervorragend betreut. Die Pflegekräfte der Diakonie machen es einfach gut, halt ein professionalisiertes Pflegehandeln.

Mich persönlich freut, dass unsere Residenz für Wohnen mit Serviceleistungen eine diakonische Einrichtung ist; sie wird von einem diakonischen Seniorenzentrum partnerschaftlich hervorragend leitend betreut. Vor allem wird der marktwirtschaftliche Anteil der Wohlfahrtsverbände durch unsere Residenz gestärkt (siehe Abschnitt 4.3).

Die einzelnen Hilfen aller Beteiligten im Haus haben uns die zunächst noch anfängliche Eingewöhnung wirklich erleichtert. Danke!

Das „Fenster zum Flur" hat uns nicht enttäuscht...

Ein Wort danach

Als ich zu Beginn der ersten Zeilen meine Aufzeichnungen und Notizen durchlas, wurde mir bewusst, dass für mich von Nutzen war, vielschichtige Lebensphasen selbst erlebt zu haben. So fasste ich den Mut, über Geldquellen, Gier und Gefahren zu schreiben und erkennbar wurde, wie wenig wir über uns selbst nachdenken, und dass wir oft Vorurteile anderer, ob über Menschen oder Sachverhalte, allzu oft übernehmen...

Ursprünglich hatte ich als viertes „G" und Gegenpol Glück für Gelassen-, Bescheiden- und Zufriedenheit angedacht. Doch nicht Glück macht unbedingt glücklich, sondern gelassene Bescheidenheit, die zufrieden macht, denn Glück ist das im Moment Erlebte, Zufriedenheit beständig und keine Frage des Geldes.

Im Grunde kann man **Geldquellen** über „**sparen**" und über unsere „**menschlichen Eigenschaften**" erschließen. **Sparen** heißt „verdienen" und nicht „ausgeben". Die **menschlichen Eigenschaften** können verschiedenartig sein, wie Bedürfnisse, Faulheit, Ungeduld, Aberglaube, Klugheit, Dienstleistung, Freude, Dummheit, Gier, Macht u.a. Ich habe völlig andere Begriffe zu Geldquellen (s. Abschn. 1.6 – 5.) gebraucht, aber im inhaltlichen Text wird manche menschliche Eigenschaft erkennbar.

Die **Gier** ist ein Charakterzug unmäßiges, ja maßloses Verlangen, sie ist schier unersättlich; „Mehr" ist einfach nicht genug.

Leider werden **ständig Begehrlichkeiten** brachliegender innerer Eigenschaften wie Gier **geweckt** und vom Marketing genutzt, um eigene Produkte oder Dienstleistungen zu verkaufen. Wie leicht es ist, Begehrlichkeiten zu wecken, sehen wir z.b. täglich beim „Werbefernsehen".

Die **Gefahren**, die sich aus Geldquellen und Gier ergeben sind erheblich, ja höchst besorgniserregend. Vor dem Hintergrund, dass unser Planet Erde eingeschränkte Ressourcen hat, ist es wichtig, sich zu bescheiden (siehe auch Abschn. 5).

Das übermäßige **Verbrennen fossiler Energieträger** wie Kohle, Öl und Müll versetzt unseren Erdball in ein Treibhaus. Dieser Treibhausgasausstoß muss drastisch gesenkt werden, denn die gefährliche Erderwärmung (Sommereis der Arktis schmilzt) nimmt zu. Was Menschen seit der Industrialisierung verursacht haben, müssen sie auch wieder bereinigen und sich bescheiden. Ohnehin ist die **Erde gar nicht in der Lage, den westlichen Lebensstandard (Wegwerfgesellschaft) weltweit zu verkraften.**

Kaum zu glauben, dass nur schwächelnd in das Bewusstsein von Verantwortlichen aufgenommen wird, wie die Folgeauswirkungen der globalen Erderwärmung katastrophal werden, so Hungersnöte weltweit, ähnlich der heutigen Dürren in Afrika, versinkende Küstenstädte und tödliche Gefahren, die nur vage erkannt werden…

Eine völlig andere Gefahr besteht für die **Demokratie** in Deutschland, aber auch in anderen Staaten. Ursächlich sind Amok, Angst, Populismus, Terroranschläge, Hass,

Sprachbarrikaden, Religionsstreitigkeiten, Eingliederungsprobleme. Aber auch die politischen Arbeiten und Ergebnisse der Regierenden wie Parlamentarier sind **für die Bevölkerung nicht aufbauend**, z.b.: Investitionen für **Bildung** und **Polizei** sind nicht ausreichend, die **Anzahl der Abgeordneten** hat sich über Jahre unnötig **kostenträchtig erhöht**. Auch parlamentarische **Ausschüsse** müssen mit einer erheblich **geringeren Mitgliederzahl**entscheiden, nur dann werden **Entscheidungsfindungen gezielt klar** und nicht umschrieben. Koalitionen sollten vor allem **nicht gegeneinander**, sondern **miteinander regieren.** Die Zeit drängt, endlich mit dem **Schuldenabbau** zu **beginnen**. Schon die Beachtung dieser wenigen Beispiele wäre **hilfreich**, die **Demokratie zu schützen**.

„Weniger ist mehr" hilft, den letzten Abschnitt über **Gelassen-, Bescheiden-** und **Zufriedenheit** wirklich zu verstehen. Mit den einzelnen Geschichten, Erlebnissen und Wahrnehmungen wurde deutlich, dass es immer mehr Menschen werden, die sich nicht von der Hektik unserer Zeit, dem Geld, Kaufrausch, der Globalisierung oder den Massenmedien beeinflussen lassen, sondern mit **Gelassenheit** verstandesmäßig besonnen ihr Leben in den Griff bekommen, **bescheiden** sind, eine tiefe innere **Zufriedenheit** empfinden – und damit einfach als **glückliche Menschen** leben...

Fundstellen – Literatur

- Abgabeordnung (AO)
- Aktiengesetz (AG)
- Altgermanische Kultur (Nockel)
- Atlas zur Weltgeschichte (Kinder/Hilgermann)
- Archivunterlagen des Verfassers
- Aufzeichnungen des Verfassers
- Baurechtsurteile (versch. Daten)
- Beauftragter der Bundesregierung für die Belange der Menschen mit Behinderung (Themen)
- Bildung (bpb, Themen)
- Branchen (zugehörige Übersicht)
- Bürgerliches Gesetzbuch (BGB)
- Bundesagentur für Arbeit (Themen)
- Bundesanzeiger (Veröffentl.)
- Bundesministerium der Finanzen (Themen)
- Bundesministerium des Innern (BMI, Themen)
- Bundesministerium für Bildung und Forschung (BMBF, Themen)
- Bundesministerium für Gesundheit (BMG, Themen)
- Bundesministerium für Verkehr und digitaler Infrastruktur (Themen)
- Bundesministerium für Wirtschaft und Energie (BMWi, Themen)

- Bundesrechnungshof (Themen)
- Bundeszentrale für politische Business (versch. Daten)
- Deutsche Bundesbank (Themen)
- DGB (Themen)
- Deutsche Schutzvereinigung für Wertpapiere (DSW, Themen)
- Deutschlands Urgeschichte (Schwantes)
- Die Römer in Deutschland (Koepp)
- Fachliteratur (Themen)
- Gabler Wirtschaftslexikon
- Geistliches Amt und schnöder Mammon (Schieffer)
- Geo (versch. Daten)
- Germanische Geschichte (Schilling)
- Geschichte der Deutschen (Valentin)
- Geschichte der deutschen Kultur (Steinhausen)
- Gesetz der Angemessenheit der Vorstandsvergütung vom 05.08.2009
- Großer Atlas zur Weltgeschichte (Westermann)
- Lebensweisheiten
- Lohnspiegel /Österreich
- Pressemitteilungen (versch. Daten)
- Römische Geschichte (Mommsen)
- Sachverständigenrat Gesundheit
- Schuldenuhr des Bundes
- Schuldenuhr Europas

- Spitzenverbände der Freien Wohlfahrtspflege und Kirchen (Themen)
- Sprache und Vorzeit (Krahe)
- Strafgesetzbuch (StGB)
- Tiffany-Diamant-Leitfaden
- Umweltbundesamt (UBA, Themen)
- Untersuchungen von Greenpeace (Themen)
- Volksmund
- Weltgeschichte (Rauke)

MIX

Papier | Fördert
gute Waldnutzung

FSC® C083411

Zeitfracht Medien GmbH
Ferdinand-Jühlke-Straße 7
99095 Erfurt, Deutschland
produktsicherheit@kolibri360.de